Das
Corona Beben

Friedrich Bodenkamp war über Jahrzehnte in Führungsfunktionen und als Berater von Großorganisationen tätig. Er hat dabei viele unterschiedliche Realitäten kennengelernt und war oft in den verschiedensten Formen des Krisenmanagements involviert. Sein Interesse gilt heute vor allem der Rolle des Menschen im Wirtschaftsgeschehen und der Analyse komplexer Systeme.

Friedrich Bodenkamp

Das Corona Beben

Hintergründe und Folgen einer ungewöhnlichen Wirtschaftskrise

Herstellung und Verlag
BoD – Books on Demand, Norderstedt

ISBN: 9783752629552

Inhaltsverzeichnis

Vorwort

Noch vor einem Jahr spielten Epidemien, Pandemien und Infektionsverläufe keine große Rolle in der öffentlichen Diskussion. Dazu war die Grippe einfach nicht gefährlich genug, Ebola zu weit weg und die Pest zu lange her.

Mit Corona hat sich das geändert. Heute gibt es nahezu keinen gesellschaftlichen, politischen oder wirtschaftlichen Bereich, in dem die Corona-Pandemie nicht dominant in Erscheinung tritt. Wie unsere Gesellschaft und die politische Landschaft nach der Pandemie aussehen werden, wissen wir nicht. Aber die wirtschaftlichen Folgen dieser Pandemie können wir heute bereits sehen und viele von uns auch recht schmerzlich spüren.

Was als regionales Infektionsgeschehen im fernen Asien begann, hat sich rasant ausgebreitet und binnen einiger Wochen Europa und den Rest der Welt erreicht. Kurz danach hat der bislang unbekannte Erreger zu einer der schwersten Wirtschaftskrisen der letzten hundert Jahre geführt. Einer Wirtschaftskrise, die in ihren Folgen durchaus mit der Weltwirtschaftskrise von 1929 oder der sogenannten Jahrhundertkrise 2008/2009 zu vergleichen ist. Worin die gegenwärtige Krise mit den früheren ökonomischen Katastrophen aber nur sehr bedingt vergleichbar ist, sind die Gründe für ihr Entstehen, ihre Dynamik und die Einflussfaktoren auf ihren Verlauf.

Allein das ist Grund genug, sich mit dieser Krise intensiv auseinanderzusetzen. Dabei müssen vor allem zwei Faktoren näher betrachtet werden. Das sind zum einen die staatlichen Maßnahmen, die getroffen werden mussten, um die Ausbreitung des Infektionsgeschehens einzudämmen und zum anderen der Mensch, der mehr noch als in anderen Krisen durch seine Ängste, Gefühle und Hoffnungen den Verlauf der Krise bestimmt und der der Schlüsselfaktor dafür ist, wie die Erholungsphase nach der Krise verlaufen wird.

Bei den staatlichen Maßnahmen zur Epidemiebekämpfung wird vor allem von Interesse sein, wie sich die einzelnen Maßnahmen auf das Wirtschaftsgeschehen auswirken und welchen Preis wir für den Schutz vor der Pandemie bezahlen. Bei der Betrachtung des Faktor Mensch stellt sich die Frage, welche Einstellungen und Gefühle in der Bevölkerung vorherrschen, was diese Einstellungen und Gefühle hervorgebracht hat, wie sie sich auf die wirtschaftliche Dynamik auswirken und wie sie sich unter dem Einfluss der Pandemie verändern.

Aus diesen Betrachtungen lassen sich Szenarien ableiten, die zwar die zukünftige Entwicklung der Krise nicht vorhersagen können, aber sehr deutlich zeigen, unter welchen Umständen welche Entwicklungen eintreten können und welche Maßnahmen notwendig sind, um ein Abgleiten der Krise in das sogenannte Worst-Case-Szenario zu verhindern.

Vor diesem Hintergrund lassen sich dann die wirtschaftspolitischen Maßnahmen bewerten, die bisher getroffen wurden und noch getroffen werden müssen. Dabei kann man die erstellten Szenarien auch in Zukunft noch nutzen, um damit nachzuvollziehen, wie sich die verschiedenen Einflussfaktoren über die Zeit auf die Entwicklung der Krise ausgewirkt haben und welche wirtschaftspolitischen Maßnahmen die gewünschten Effekte erzielten.

Die Krise aus dem Nichts
Eine Krise der anderen Art

Die großen Wirtschafts- und Finanzkrisen der letzten Jahrzehnte waren immer die Folge wirtschaftlicher Fehlentwicklungen. Sie entstanden zum großen Teil durch die hemmungslose Gier der Menschen und durch die Deregulation von Märkten. Sie entstanden auch durch abenteuerliche Finanzprodukte und durch den Verlust von Vertrauen in hoffnungslos überbewertete Anlageformen.

1997/98 in der Asienkrise war es eine Kreditblase, die platzte, als die ausländischen Investoren realisierten, dass sich ihre überhöhten Renditeerwartungen nicht realisieren lassen würden. Worauf sie ihr Kapital aus den asiatischen Ländern abzogen.

1998/99 in der Russlandkrise war es die hohe Fremdverschuldung Russlands in Kombination mit einer wenig leistungsfähigen russischen Wirtschaft, die zum Vertrauensverlust der Anleger und dem Abzug des Fremdkapitals führten. In Folge davon verfiel der Wert des Rubels und Russland wurde faktisch zahlungsunfähig.

2000 in der Dotcom-Krise war es das Platzen einer Aktienblase, die durch die spekulativ überbewerteten Aktien der neuen Technologiekonzerne entstanden ist.

Und 2007/08 war es eine spekulativ aufgeblähte Immobilienblase und ein System der Immobilienfinanzierung, das durch die Absicherung mit undurchschaubaren Finanzprodukten jede Verbindung zur realen Welt verloren hatte.

Auch wenn viele Menschen von diesen Krisen kalt erwischt wurden, kamen die Krisen an sich nicht überraschend. Immer waren es Entwicklungen, die sich langsam anbahnten, die über Jahre beobachtbar waren und die man bei rechtzeitigem Handeln mit wirtschafts- und finanzpolitischen Mitteln hätte verhindern oder zumindest deutlich abschwächen können.

Die gegenwärtige Krise ist anders. Sie resultiert nicht aus dem gierigen Verhalten von Spekulanten oder aus falschen wirtschafts- oder finanzpolitischen Entscheidungen einer Regierung, sondern aus den Maßnahmen, die notwendig waren, um eine weltweite Pandemie in den Griff zu bekommen. Deshalb konnte man diese Krise auch nicht vorhersagen oder verhindern.

Als die Nachricht von einer bislang unbekannten Lungenkrankheit, die in China ausgebrochen war, Europa und die USA erreichte, kam zunächst niemand auf die Idee, dass es sich hier um den Auslöser der größten Wirtschaftskrise seit 1929 handeln würde. Zu diesem Zeitpunkt wurde die heraufziehende Pandemie beinahe von allen offiziellen Stellen hoffnungslos unterschätzt.

Wenig später zeichnete sich dann aber ab, dass diese Infektionskrankheit eine andere Qualität hatte, als die üblichen Grippewellen. Insbesondere die Maßnahmen, die innerhalb kurzer Zeit weltweit getroffen wurden, waren nach Art und Umfang nicht vergleichbar mit den Maßnahmen in früheren Epidemien. Jedenfalls, wenn man nicht bis zur Spanischen Grippe 1918 zurückgeht. Aber so weit reicht weder unser individuelles, noch unser kollektives Gedächtnis zurück. Folglich fehlte zu Beginn der Corona-Krise auch jegliches Vorstellungsvermögen, welche Auswirkungen eine ernsthafte Epidemie oder gar Pandemie auf unsere Gesellschaft und unser Wirtschaftssystem haben könnte. Hinzu kam, dass man bei dem Wort Epidemie immer nur national dachte und keine Vorstellung davon hatte, was eine weltweite Pandemie für unser global ausgerichtetes Wirtschaftssystem bedeuten würde.

Die Zeichen, die zunächst keiner verstand

Als sich die Corona-Krise langsam entwickelte, dachte man noch nicht im Entferntesten daran, dass großflächige Schließungen von Geschäften, Restaurants, Produktionsstätten und öffentlichen Einrichtungen in Europa und den USA erforderlich sein würden, um die Pandemie in den Griff zu bekommen. Zu diesem Zeitpunkt konnte sich noch niemand vorstellen, dass innerhalb weniger Wochen erhebliche Teile der Weltwirtschaft beinahe stillstehen würden.

Noch im Januar 2020 wurde unter Wirtschaftswissenschaftlern diskutiert, wie schwer die chinesische Volkswirtschaft von der Corona-Epidemie betroffen sein würde und wie sich das auf europäische Länder auswirken könnte. Im Fokus dieser Überlegungen stand ausschließlich die epidemische Lage in China und eventuelle Fernwirkungen dieses Ereignisses auf die eigene Ökonomie. Daher wurde in diesem Zusammenhang nur diskutiert, wie sich eine Reduzierung der Nachfrage aus

China auf europäische Exporteure auswirken könnte oder welchen Einfluss unterbrochene Wertschöpfungsketten auf die hiesige Wirtschaft haben werden. Dass dies alles der kleinere Teil des Problems sein würde und was wirklich auf uns zurollte, erkannte zu diesem Zeitpunkt niemand. Noch im Januar 2020 bewertete man die Corona-Epidemie als ein rein chinesisches, im höchsten Falle asiatisches Problem.

Da die Politik das genauso sah, verlor man wertvolle Zeit, um die Ausbreitung des Covid-19-Erregers im Rest der Welt einzudämmen oder zumindest zu verlangsamen. Frühere Kontrollen an den Flughäfen und Einreiseverbote aus Risikoländern wie China oder Iran hätten Europa mehr Reaktionszeit verschafft oder das Maß der später notwendigen Maßnahmen zumindest verringert.

Dass diese frühen Reaktionen ausblieben, lag aber zum Teil auch an der unzureichenden chinesischen Informationspolitik und an einem Mangel an Vorstellungsvermögen. Es lag aber auch daran, dass die westliche Welt scheinbar über kein wirksames politisches Frühwarnsystem verfügt, dass reale Lagebilder unabhängig von der chinesischen Propaganda hätte liefern können. So ein Frühwarnsystem wäre in diesem Falle nicht nur von hohem politischem Nutzen gewesen, sondern auch von Relevanz bei der Vermeidung und Eindämmung einer sich abzeichnenden Wirtschaftskrise.

Erst im Februar 2020 wurde langsam deutlich, dass sich die Corona-Epidemie weder epidemiologisch noch wirtschaftlich, auf China oder Asien eingrenzen lässt. Zwangsurlaubsphasen und Quarantänemaßnahmen in China führten jetzt immer häufiger zu den Unterbrechungen von Lieferketten, die bisher nur als vage Möglichkeiten diskutiert wurden. Dabei wurde auch langsam, aber schmerzlich, spürbar, was eigentlich jedem schon vorher hätte klar sein müssen. Autofabriken in Detroit, Wolfsburg oder Turin kommen schnell zum Stillstand, wenn nur einzelne wenige Zulieferteile fehlen, weil sie nicht mehr aus der Fabrik in Wuhan rollen oder weil sie in irgendeinem chinesischen Hafen hängenbleiben.

Erst jetzt erkannte man, wie schnell und intensiv sich die Probleme der chinesischen Volkswirtschaft auch auf den Rest der Welt auswirken werden. Dass die Epidemie sich nach Europa oder in die USA ausbreiten und dort zu ähnlich gravierenden Maßnahmen führen würde, wie in

Asien, zog man aber auch im Februar 2020 noch nicht ernsthaft in Betracht. Obwohl Ende Januar 2020 bereits die ersten Corona-Fälle in Europa nachgewiesen wurden.

Stattdessen rechnete man zunächst nur damit, dass die Unterbrechung von Lieferketten und die geringere Nachfrage nach Gütern aus dem asiatischen Raum zu einem zwar spürbaren, aber doch moderaten und beherrschbaren wirtschaftlichem Einbruch in Europa und den USA führen würden. Vor allem ging man im Februar 2020 auch noch davon aus, dass dieser wirtschaftliche Einbruch nicht allzu lange dauern wird und dem Einbruch ein starker Aufschwung folgen würde.

Diese relativ optimistische Sichtweise der weltwirtschaftlichen Lage stütze sich im Wesentlichen auf die Erfahrungen aus früheren wirtschaftlichen Einbrüchen, die sich aus Epidemien oder Naturkatastrophen ergeben haben. In solchen Fällen war es häufig so, dass die Einbrüche zwar heftig waren, aber durch ihre Kürze und durch die folgende starke Gegenreaktion der Märkte schnell ausgeglichen werden konnten. An einen Shutdown der gesamten Wirtschaft und an Alltagsrestriktionen und Hygienemaßnahmen, die jeden treffen würden und sich über lange Zeit erstrecken sollten, dachte damals noch niemand. Was sich später unter anderem auch an den Engpässen bei Gesichtsmasken und medizinischer Schutzkleidung zeigte.

Erst als auch Europäische Länder, wie Italien, Spanien oder Österreich im März 2020 große Teile ihres ökonomischen Lebens durch staatliche Verordnung zum Stillstand brachten, wurde klar, welche Dimension die heraufziehende Wirtschaftskrise haben würde.

Mit kurzer Vorwarnzeit

Bei den großen Wirtschafts- und Finanzkrisen der letzten Jahrzehnte kann niemand sagen, es hätte vorher keine Warnzeichen gegeben und es hätte niemand darauf hingewiesen, was sich gerade zusammenbraut. Schon Jahre vor der Finanzkrise 2008/2009 wurde in Büchern, Interviews und Artikeln davor gewarnt, dass die Art der amerikanischen Immobilienfinanzierung hoch gefährlich ist und zu einer Immobilienblase führen wird. Es wurde auch davor gewarnt, dass die Menge an unkontrolliert gehandelten Derivaten zu einer existentiellen Bedrohung der

Finanzmärkte werden könnte und dass die Konstruktion moderner Finanzprodukte und deren Risikobewertung niemand mehr wirklich verstand.

Auch im Jahr 2000 fehlte es vor dem Platzen der Dotcom-Blase nicht an Hinweisen, dass die Aktien der vielen neuen Technologie-Unternehmen viel zu hoch bewertet waren und dass sie die, in sie gesetzten Gewinnerwartungen nie erfüllen konnten.

Aber niemand wollte auf diese Warnungen hören. Was in beiden Fällen nicht daran lag, dass diese Warnungen nicht existiert hätten oder nicht allgemein bekannt gewesen wären, sondern daran, dass die von Profitgier verblendeten Anleger sie einfach nicht sehen und wahrhaben wollten. Aber die Warnungen selbst existierten lange bevor der jeweilige Crash eintrat. Jeder hätte damals die Chance gehabt, sein Geld rechtzeitig aus den vergifteten Märkten zu ziehen oder die Hände von einer Hausfinanzierung zu lassen, die nur funktionieren konnte, wenn die Immobilienpreise auch in Zukunft weiter zweistellig steigen würden.

Nicht so bei der Corona-Krise. Hier gab es keine Warnungen, die lange vorher auf die Gefahren hingewiesen hätten. Als Anfang bis Mitte März 2020 das öffentliche Leben und damit auch beinahe alle wirtschaftlichen Aktivitäten in Italien und Frankreich heruntergefahren wurden, gab es so gut wie keine Vorwarnzeit für Bürger und Unternehmen.

Vielleicht hätte man im Februar erahnen können, was passieren würde. Aber da war es eigentlich schon zu spät, um noch vernünftig reagieren zu können. Und wer behauptet, er hätte Ende 2019 oder im Januar 2020 schon vorhergesehen, dass die Wirtschaft in beinahe allen europäischen Ländern im März, April und Mai 2020 zum völligen Erliegen kommt, ist entweder ein begnadeter Prophet oder ein Lügner.

So traf die Corona-Krise Produzenten und Konsumenten in Europa und kurz danach auch in den USA überraschend und praktisch ohne Vorwarnzeit. Hinzu kam, dass Unternehmen und Ökonomen wenig Erfahrung mit dieser Art von Krise hatten.

Was man aber hätte haben können, sind Contingency Pläne für derartige Situationen. Denn nach SARS und Ebola wäre eine gewisse Vorsorge für solche Fälle nicht völlig unrealistisch gewesen. Aber wie wenig man darauf vorbereitet war, zeigte sich schon an der zu geringen Zahl der

Intensivbetten in einigen europäischen Ländern und an der sehr knappen Bevorratung von Schutzkleidung.

Wie gut man als Gesellschaft, Volkswirtschaft oder Firma so eine Krise überlebt, hängt aber nicht nur davon ab, wie frühzeitig man gewarnt wird und wie gut man darauf materiell vorbereitet ist, sondern auch davon, wie solide das Fundament ist, auf dem man steht.

Wenn ein Unternehmen bereits nach zwei Wochen fehlender Einnahmen in die Nähe der Insolvenz rutscht, dann ist bei diesem Unternehmen die Eigenkapitaldecke vermutlich generell zu dünn oder das Geschäftsmodell ist einfach nicht tragfähig. So ein Unternehmen ist dann aber kein Opfer von Corona, sondern wäre auch bei andern Turbulenzen schnell unter die Räder gekommen. Das gleiche gilt im Übrigen auch für ganze Staaten.

Deutschland hatte vor der Corona-Krise einen ausgeglichen Haushalt und eine maastrichtkonforme Staatsverschuldung von ca. 60 % des Bruttoinlandsproduktes (BIP), sowie eine leistungsfähige Wirtschaft, die international voll konkurrenzfähig ist. Das zusammen mit der Option, sich über Anleihen mit negativen Zinsen Geld zu leihen, eröffnete Deutschland gewaltige Möglichkeiten, die eigene Wirtschaft mit staatlichen Hilfen auch über längere Zeit zu stützen.

Voraussetzung dafür ist aber natürlich, das eine anstehende Rezession nicht zu lange dauert und die Wirtschaft irgendwann in naher Zukunft wieder normal läuft. Also mit einem Wachstum von mindestens ein bis drei Prozent. Was gegenwärtig nicht unbedingt sicher, aber doch möglich, wenn nicht sogar wahrscheinlich ist. Zumindest muss es das Ziel aller jetzt zu treffenden Maßnahmen sein, diesen Zustand wieder zu erreichen.

In anderen europäischen Ländern sieht das nicht so rosig aus. Griechenland, mit einer Staatsverschuldung von fast 180 % des BIP, dürfte kaum die Luft nach oben haben, um eigenständig große Rettungspakete aufzulegen. Und auch Italien und Spanien, mit einer Staatsverschuldung von 135 % bzw. 95 % des jeweiligen BIP, werden aus heutiger Sicht bei der Bewältigung der Corona-Krise in schwieriges Fahrwasser geraten. Allein wird das für diese Länder kaum zu schaffen sein.

Schon daran wird deutlich, dass die wirtschaftliche Zukunft mancher Länder im Euroraum nur gesichert ist, wenn die Krisenbewältigung in einem europäischen Rahmen erfolgt und sich die stärkeren Länder mehr als solidarisch zeigen.

Anatomie eines Niedergangs
Eine Krise zeichnet sich ab

Wenn man Wirtschaftskrisen analysieren will, macht man das gewöhnlich entlang einer Reihe von Fragen, mit denen man herauszufinden versucht, was die Ursachen für eine Krise waren, wie sie verlaufen ist oder welche Folgen sich daraus ergeben werden.

Bei der gegenwärtigen Krise scheint ein Teil der Antworten auf diese Fragen auf der Hand zu liegen. Ein anderer Teil der Fragen ist aber auch bei dieser Krise recht schwierig zu beantworten und wird sicher noch einige Jahre nach der Pandemie für Diskussionsstoff sorgen.

Am einfachsten ist bei der aktuellen Krise die Frage nach der Ursache zu beantworten. Banal gesprochen könnte man dazu sagen, dass der Erreger einer Lungenkrankheit die Krise ausgelöst hat. Das hilft aber nicht viel weiter, da Erreger und Krankheitsverläufe keine ökonomischen Größen sind und es auch nicht die direkten Folgen der Epidemie waren, die zu einer der größten Wirtschaftskrisen der jüngsten Geschichte geführt haben. Schließlich ist die Wirtschaft in Deutschland, Italien oder Frankreich nicht zusammengebrochen, weil so viele Menschen erkrankt und dadurch als Arbeitnehmer oder Konsumenten ausgefallen sind, sondern wegen der Maßnahmen, die von den Regierungen im März, April und Mai 2020 getroffen wurden, um die Ausbreitung der Pandemie zu verlangsamen und schließlich einzudämmen. Was zumindest in Europa bisher auch recht gut gelungen ist. Und das selbst vor dem Hintergrund der zurzeit erhöhten Infektionszahlen.

Allerdings waren diese Maßnahmen zur Eindämmung der Epidemie nicht der absolute Startpunkt dieser Wirtschaftskrise, sondern bereits der zweite Akt. Der eigentliche Beginn der Krise war schon vorher. Denn die ersten Schwierigkeiten ergaben sich bereits durch die Ereignisse in Asien, wo die dortigen Regierungen ganze Gebiete unter Quarantäne stellten, Häfen schlossen und Fabriken still legten. Was schon im Januar und Februar 2020 erste Lieferketten unterbrochen hat.

Hätte man in Asien diese Maßnahmen regional immer mehr ausgeweitet und hätte diese Situation länger gedauert, hätte allein das schon ausgereicht, um in Europa und in den USA zu ernsthaften wirtschaftlichen Problemen zu führen. Probleme in einer Dimension, die schnell die Größenordnung einer leichten konjunkturellen Delle überstiegen hätten und schnell zu einer ausgewachsenen Wirtschaftskrise geführt hätten. Denn ein Europa, das über Monate massiv vom Güter- und Warenaustausch mit Asien abgeschnitten ist, hätte nicht nur einige kleinere Probleme, sondern würde sich schnell dem ökonomischen Abgrund nähern. Just-in-time Fertigung ohne eigene Lagerhaltung und die weltweite Vernetzung der Güter- und Warenproduktion haben dazu geführt, dass das wirtschaftliche Gesamtsystem selbst auf kleinere Störungen enorm empfindlich reagiert. Schon der Ausfall einiger Fabriken in China, Taiwan oder Indien kann schnell dazu führen, dass ganze Produktionsstraßen in Mülhausen, Ingolstadt oder Martorell stillstehen. Der Grundsatz, dass jede Kette nur so stark ist, wie ihr schwächstes Glied, gilt auch hier uneingeschränkt.

Also selbst, wenn das Virus sich in seiner Ausbreitung auf China und Asien beschränkt hätte, wäre Europa wirtschaftlich davon erheblich in Mitleidenschaft gezogen worden. Das war nur eine Frage der Größe, der in Asien betroffenen Gebiete und der Dauer der dortigen Maßnahmen zur Eindämmung des Erregers.

Aber so weit kam es erst gar nicht. Bevor sich die Schließungen von Transportwegen und Produktionsstädten in Asien auf die Wirtschaftsprozesse in Europa und den USA so stark auswirken konnten, dass man auch hier von einer Wirtschaftskrise hätte sprechen können, erreichte das Virus selbst bereits die westlichen Industrieländer. Das zwang die Regierungen zunächst in Europa, dann auch in den USA, ebenfalls dazu, Maßnahmen zu ergreifen, um die Ausbreitung des Virus im eignen Land einzudämmen. Was sich sehr schnell in Ausgangsbeschränkungen, Kontaktverboten und der Schließung von Restaurants, Geschäften und Fabriken manifestierte. Dabei griffen die Regierungen der industriellen Kernländer Europas so stark in das Wirtschaftsgesehen ihrer Länder ein, dass dieses in vielen Branchen zum Erliegen kam oder zumindest stark eingeschränkt war.

Ob es dazu eine Alternative gegeben hätte, werden die Historiker und Virologen erst in einigen Jahren sicher wissen. Weisheit im Rückblick nutzt aber wenig, wenn man im Hier und Jetzt entscheiden muss. Und aus damaliger und heutiger Sicht, gab es jedenfalls gute Gründe, in das gesellschaftliche und wirtschaftliche Leben so massiv einzugreifen, um die weitere Ausbreitung des Virus zu verhindern. Es stellt sich allerdings die Frage, ob ein früheres Handeln, z.B. in dem man schon im Februar Großveranstaltungen abgesagt, Wahlen verschoben und Einreisen aus bestimmten Ländern untersagt hätte, angeraten gewesen wäre. Unter Umständen wären dadurch die späteren Maßnahmen weniger restriktiv und kürzer ausgefallen.

Für die gegenwärtige Krise ist es aber müßig darüber nachzudenken, ob man 2020 rechtzeitig oder zu spät gehandelt hat. Hier sind die Entscheidungen gefallen und beginnen langsam Geschichte zu werden. Allerdings wird die Corona-Pandemie mit hoher Wahrscheinlichkeit nicht die letzte Epidemie sein, die uns im 21. Jahrhundert heimsuchen wird. Und einen ökonomischen Shutdown, wie wir ihn gerade erlebt haben, können wir uns nicht alle paar Jahre leisten. Insofern ist es also durchaus sinnvoll, darüber nachzudenken, wie ein Krisenmanagement in derartigen Fällen optimiert werden könnte und wie man eine Epidemie am besten bekämpft.

Aber viel wichtiger, als die Frage, was uns frühere Maßnahmen zur Epidemiebekämpfung gebracht hätten, ist jetzt die Frage, wie lange man einen Shutdown aufrechterhalten darf und wie früh man ins Risiko gehen und die Beschränkungen der Wirtschaft wieder aufheben muss. Das ergibt sich schon daraus, dass die meisten Unternehmen einen Shutdown mit dem damit verbundenen Verdienstausfall über drei bis vier Wochen gut aushalten können, aber danach die Liquiditätsdecke schnell dünner wird. Als Konsequenz steigt dann die Wahrscheinlichkeit von Entlassungen und Insolvenzen jeden Tag. Überschreitet die Anzahl von Insolvenzen aber eine gewisse Schwelle, setzt ein selbstverstärkender Effekt ein, der eine Volkswirtschaft schnell in den Abgrund reißen kann.

In einer solchen Abwärtsspirale bringt jede Insolvenz auch Zulieferer und Vermieter in wirtschaftliche Schwierigkeiten, die zu weiteren Insolvenzen führen können. Außerdem verringert jede Insolvenz das Einkommen der betroffenen Beschäftigten und somit auch die Kaufkraft und die Nachfrage, was wiederum andere Anbieter und Händler in Schieflage bringt. Hinzu kommt, dass Insolvenzen auch regelmäßig zu Kreditausfällen führen und so auch die Banken ab einer bestimmten Größenordnung der Insolvenzwelle in Schwierigkeiten geraten können. Das alles in Verbindung mit der nachlassenden Nachfrage aus anderen Ländern, die in so einer Situation von ähnlichen Maßnahmen betroffen sind, und mit den negativen Wirkungen der Unterbrechung von Lieferketten, kann schnell zu einem ökonomisch tödlichen Giftcocktail werden, wenn restriktive Maßnahmen der Epidemiebekämpfung zu lange aufrecht erhalten werden. Andererseits kann ein zu frühes Lockern von Hygiene- und Abstandsregeln zu einem Wiederaufleben der Epidemie führen und dann zu weiteren Maßnahmen oder einem neuen Shutdown zwingen. Was sicher der schlechteste aller Fälle wäre.

Die besondere Problematik, wie lange die Maßnahmen eines Shutdowns aus Gründen der Seuchenbekämpfung aufrecht erhalten und wie schnell sie aus ökonomischen Gründen wieder gelockert werden müssen, ist hier die zentrale gesundheits-, gesellschafts- und wirtschaftspolitische Frage. Eine Frage, die genauso schwerwiegend, wie schwierig zu beantworten ist.

An diesem Dilemma ändert auch nichts, dass man in vielen Ländern sehr schnell staatliche Hilfsmaßnahmen aufgelegt hat, um Unternehmen vor der Insolvenz zu bewahren oder die Kaufkraft der Konsumenten zu erhalten. Denn auch diese Maßnahmen können nur einen Teil der Schäden abfedern und werden immer teurer, je länger die Krise dauert. Sie kosten Geld, das der Staat eigentlich nicht hat und das uns in Zukunft noch viele Sorgen bereiten kann.

Ökonomische Schockwellen

Wirtschaftskrisen werden in der Theorie häufig auf sogenannte Schocks zurückgeführt. Im Allgemeinen versteht man unter so einem Schock eine von außen kommende (exogene), unerwartete, starke und schnelle Veränderung von ökonomischen Größen, die zu einer erheblichen Störung des Wirtschaftsprozesses führt. Theoretisch könnte es sich bei so einem schockauslösenden Faktor um jede wirtschaftliche Größe, wie die Geldmenge, den Zinssatz oder die Nachfrage handeln. Üblicherweise verwendet man den Begriff des Schocks in den Wirtschaftswissenschaften aber meistens nur im Zusammenhang mit den beiden ökonomischen Größen Angebot und Nachfrage.

Folglich spricht man von einem Angebotsschock, wenn sich das Angebot am Markt schnell ändert oder von einem Nachfrageschock, wenn sich die Nachfrage plötzlich verändert. Wobei man hier oft noch zwischen positiven und negativen Schocks unterscheidet. Bei einem positiven Schock erhöht sich das Angebot oder die Nachfrage sprunghaft, bei einem negativen Schock verringern sich die entsprechenden Größen. Ein positiver Nachfrageschock entsteht z.B. wenn die Zentralbanken die Geldmenge zu schnell und zu intensiv erhöhen, was zu Inflation und zur Bildung von Spekulationsblasen führen kann. Ein negativer Nachfrageschock entsteht, wenn die Kaufkraft überraschend einbricht und dadurch die Nachfrage merklich und schnell abnimmt.

Mathematisch kann man das durch eine Verschiebung der Kurven der Angebots- und Nachfragefunktion darstellen, die dann jeweils ein neues Marktgleichgewicht (Schnittpunkt beider Kurven) bilden.

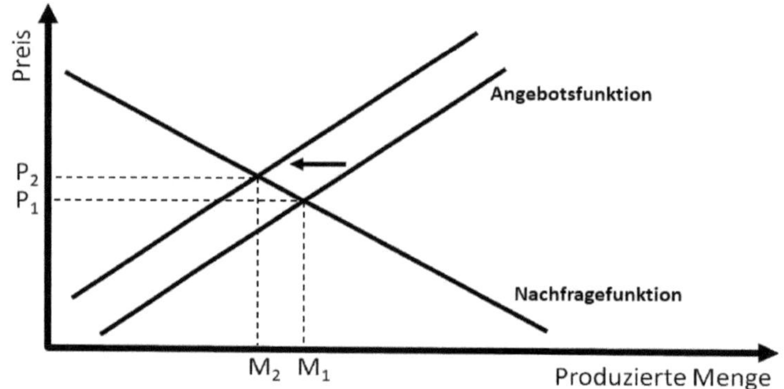

Diagramm eines negativen Angebotsschocks

Aber das ist mehr von theoretischem Interesse und nicht so sehr von praktischer Relevanz. Für die Beurteilung einer Krise ist es viel interessanter zu untersuchen, wie diese Schockwellen in der realen Welt entstehen, wie sie sich entwickeln, wen sie betreffen und wie sie sich auswirken.

Die meisten der jüngsten Wirtschaftskrisen wurden durch einen Nachfrageschock ausgelöst. Wenn z.B. beim Platzen einer Spekulationsblase die Aktienkurse ins Bodenlose fallen, vernichtet das Vermögen und Einkommen. Das führt dann sowohl bei den Konsum-, als auch bei den Anlagegütern zu einer plötzlichen und sprunghaften Abnahme der aggregierten Nachfrage und einem Sinken der Preise. Als Folge davon verkaufen Anbieter trotz gesunkener Preise weniger Güter und Dienstleistungen, schränken die Produktion ein und verringern die Beschäftigung, was wiederum die Kaufkraft und damit auch die Nachfrage verringert. Passiert dies flächendeckend, bewegt sich die ganze Volkswirtschaft schnell in Richtung Deflation oder Rezession.

Vor einigen Jahrhunderten, als die Geld- und Bankwirtschaft noch eine geringere Rolle spielte, wurden die typischen Wirtschaftskrisen beinahe immer von sogenannten negativen Angebotsschocks ausgelöst. Diese ergaben sich in früheren Zeiten vor allem daraus, dass sich das Angebot an Gütern in Folge von Missernten, Naturkatastrophen, Seuchen oder Kriegen deutlich reduzierte. Dadurch wurden diese Güter knapp und verteuerten sich entsprechend. Folglich wurden sie für viele Menschen unerschwinglich und die Situation wurde für die breite Bevölkerung zur echten Versorgungskrise.

Die letzte bedeutende Krise in Folge eines negativen Angebotsschocks war die Ölkrise in den 70er Jahren des letzten Jahrhunderts. Genau genommen die erste Ölkrise 1973, die allgemein als gravierender eingeschätzt wird, als die folgende Ölkrise 78/80. Bei dieser ersten Ölkrise wurde das Angebot an Rohöl von den OPEC Staaten durch die Kürzung der Fördermenge bewusst reduziert, um auf die westlichen Staaten, die im Jom-Kippur-Krieg Israel unterstützen, Druck auszuüben.

Bei der hohen Preiselastizität des Ölmarktes reichte damals eine Förderkürzung von 5 % aus, um den Ölpreis zunächst zu verdoppeln und dann innerhalb eines Jahres zu vervierfachen. Das hat genügt, um in den westlichen Industrieländern massive Wirtschaftskrisen zu erzeugen.

Angebotsschock – einmal anders

Neben den unterbrochenen Lieferketten, waren es bei dieser Krise vor allem der Shutdown und die Auflagen für die betrieblichen Abläufe, die es vielen wirtschaftlichen Akteuren praktisch unmöglich machten, ihr Leistung zu erbringen oder sie zumindest in der Leistungserbringung stark einschränkte. Was faktisch einer plötzlichen und dramatischen Reduzierung des Angebots entspricht.

Gemäß der Theorie wirkt sich eine derartige sprunghafte Verringerung des Angebots (negativer Angebotsschocks) auf funktionierenden Märkten in erster Linie in einem massiven Preisanstieg der betroffenen Güter aus. So wie wir es bei der Ölkrise 1973/74 gesehen haben.

In der aktuellen Krise verlief aber alles anders. Da diesmal niemand sonst in der Lage war, die ausgefallene Leistung zu erbringen, und sie zum Teil auch gar nicht nachgefragt werden konnte, kam es zu keinen massiven Preissteigerungen, wie es die Theorie sonst vorsieht. Stattdessen kamen die meisten wirtschaftlichen Aktivitäten, wie Produktion, Handel, Gastronomie oder Reisen einfach zum Erliegen. Weshalb man hier durchaus von einem Angebotsschock der besonderen Art sprechen kann oder von einem kombinierten Angebots- und Nachfrageschock. Etwas, was die reine Theorie sonst eher selten oder gar nicht thematisiert.

Im Übrigen haben wir es in dieser Krise auch nicht mit einem einzigen Schock zu tun, sondern mit einem recht komplexen Muster von verschieden Angebots- und Nachfrageschocks, die zum Teil aufeinander folgten, aber sich auch gegenseitig bedingt und überlappt haben.

Zunächst war da einmal der Angebotsschock, der sich aus der Unterbrechung oder Beeinträchtigung der Lieferketten ergab. So standen schon bevor irgendwelche Corona-Maßnahmen in Deutschland die Produktion einschränkten viele weiterverarbeitende Betriebe still oder konnten nur noch eingeschränkt produzieren, weil ihnen die Zulieferteile fehlten. Genau dies ist auch in anderen europäischen Ländern und in den USA passiert, als in Asien die ersten Maßnahmen zur Eindämmung des Corona-Virus getroffen wurden. Damit kam es zunächst einmal zu einer Verringerung des Angebots bei Zulieferteilen und Halbzeugen. Aber im Gegensatz zu den typischen Angebotsschocks konnte der Markt auf so eine Verringerung des Angebots hier nicht mit Preissteigerungen reagieren, weil der Markt für Zulieferteile nicht kurzfristig reagieren kann. Die Teile blieben einfach aus und waren für die weiteren Schritte in der Wertschöpfungskette vorerst nicht verfügbar. Das hätte sich auch nicht geändert, wenn man einen höheren Preis dafür geboten hätte. Die Teile gab es einfach nicht oder sie hingen in irgendeinem Hafen fest.

Trotzdem führten diese ersten Unterbrechungen der Lieferketten zwar zu Problemen in einigen Branchen oder Betrieben, aber nicht zu einer ernsthaften Wirtschaftskrise. Die Ökonomen rechneten daher am Beginn der Corona-Krise noch mit einer sogenannten V-Kurve der wirtschaftlichen Entwicklung. Also einem scharfen Einbruch mit direkt folgendem steilen Anstieg der wirtschaftlichen Aktivitäten.

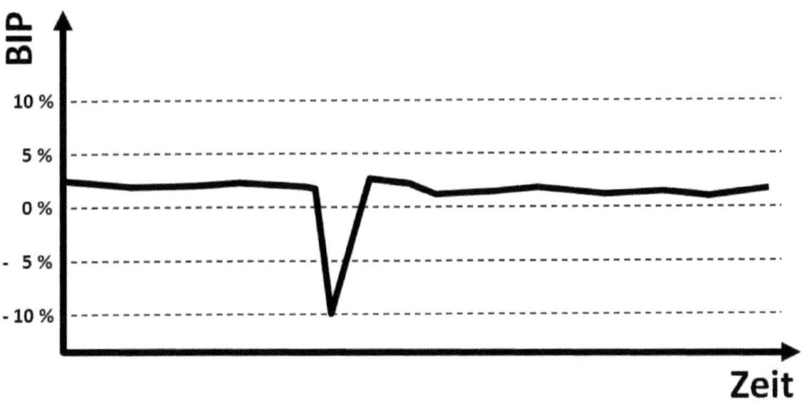

Der V-förmige Verlauf einer Krise

Das war zunächst auch gar nicht so abwegig, da sich in der Vergangenheit oft gezeigt hat, dass die Wirtschaft im Falle von Naturkatstrophen oder Epidemien oft sehr schnell und stark einbricht, sich aber danach auch wieder zügig erholt. Was als Graph dann eben wie das berühmte V aussieht. In der Regel fällt die Erholung nach so einem Absturz auch sehr kräftig aus, da unterlassener Konsum oder unterlassene Investitionen schnell nachgeholt werden. Außerdem fließt nach so einer Krise oft staatliches Geld, um den Wiederaufbau oder die Erholung der Wirtschaft zu unterstützen. Was sich ebenfalls intensivierend und beschleunigend auf die wirtschaftliche Erholung auswirkt.
Wäre alles so gekommen, wäre die Corona-Krise schon wieder so gut wie vergessen. Denn die Erfahrung hat zeigt, dass bei solchen kurzen V-förmigen Schwankungen der Wirtschaftsleistung, die Verluste im Jahresverlauf größtenteils oder sogar vollständig ausgeglichen werden können.
Allerdings war die Annahme, dass die Corona-Krise in dieses Schema passen würde, falsch. Noch im Februar 2020 wurden daher die wirklichen Auswirkungen dieser Krise selbst von führenden Wirtschaftswissenschaftlern völlig unterschätzt. Vielleicht sah man damals einfach zu

viel auf die theoretischen Modelle oder man ließ sich zu sehr von den Erfahrungen mit kleineren Epidemien, die ziemlich schnell überwunden waren, leiten. Vielleicht hatte man aber auch einfach zu wenig Phantasie, um sich vorstellen zu können, welche Brisanz diese Pandemie noch entfalten wird.

Als das Virus dann in Europa angekam, rechnete man mit dem nächsten Angebotsschock für die Wirtschaft. Dabei standen jetzt nicht mehr die unterbrochenen Lieferketten im Vordergrund der Betrachtung, sondern die Einschränkung der heimischen Produktion in Folge der Erkrankung von Arbeitskräften.

Aber auch damit lagen die etablierten Ökonomen wieder einmal daneben. Man ging nämlich jetzt fälschlicherweise davon aus, dass ein erheblicher Teil der Arbeitnehmer erkranken und so für die Produktion ausfallen würde. Dieser Effekt wurde allerdings stark überschätzt und entwickelte sich nicht zum Kernproblem unserer Volkswirtschaften. Dazu waren die Krankheitsverläufe dieser Infektion im Durchschnitt zu milde und die Zahl der Infizierten zu gering. Vielleicht lag das aber auch daran, dass die staatlichen Maßnahmen, die ab März 2020 zur Eindämmung der Epidemie getroffen wurden, ein weiteres Anwachsen der Infektionszahlen verhinderte.

Aber dann lösten gerade diese Maßnahmen den eigentlichen Angebotsschock in der Corona-Krise aus, den niemand vorausgesagt hatte. Denn die Maßnahmen, die die Verringerung aller Kontakte von Menschen zum Ziel hatten, führten schlagartig zum beinahe vollkommenen Shutdown der Gastronomie, des lokalen Handels, der Veranstaltungsindustrie und der Reisebranche. Dazu kamen zahlreiche Einschränkungen für das produzierende Gewerbe, die zu temporären Betriebsstilllegungen oder zur Einschränkungen in der Produktion führten.

Ähnlich wie in der Ölkrise wurde auch hier das Angebot durch einen staatlichen Eingriff künstlich verknappt. Bloß, dass es diesmal nicht nur ein Gut betraf, sondern dass jetzt die Erbringung von Dienstleistungen, der Handel und die Produktion von Waren flächendeckend unterbunden wurden.

Es waren in der Corona-Krise daher nicht der Vertrauensverlust der Anleger, die undurchschaubaren Finanzprodukte der Investmentbanken oder irgendein anderes abstraktes finanzwirtschaftliches Phänomen, das zum Platzen einer Blase oder zum Zusammenbruch von Banken führte, sondern es war ein ganz einfaches Bündel staatlicher Maßnahmen, dass die Wirtschaft zum Beinahe-Stillstand brachte.

Wie das umgesetzt wurde, sah zwar im Detail in allen europäischen Ländern und in den USA etwas anders aus und war zwischen den einzelnen Ländern auch um einige Wochen verschoben, hatte aber überall die gleiche Wirkung. Nämlich die Schließung von Betrieben, Geschäften und öffentlichen Einrichtungen.

Diese Schließung von Geschäften, Restaurants und anderen Betrieben sowie zahlreiche weitere Maßnahmen, wie z.B. die Schließung von Grenzen oder die Unterbrechung des Flugverkehrs, brachten den Wirtschaftsprozess in weiten Teilen zum Stillstand. Und nachdem dies nicht nur in einem Land, sondern in ganz Europa, später auch in den USA und in vielen anderen Ländern passiert ist, brachen die bereits beschädigten Wertschöpfungsketten nun endgültig zusammen. Dadurch wurden auch viele der produzierenden Betriebe, die nicht unmittelbar von den staatlichen Maßnahmen betroffen waren, faktisch lahmgelegt.

Nicht nur in Wolfsburg, Rüsselsheim und Ingolstadt standen daraufhin die Bänder für mehre Wochen still oder liefen zumindest mit verringerter Auslastung. Auch viele mittelständische Betriebe drosselten ihre Produktion in Folge der zerbrochenen Lieferketten und der innerbetrieblichen Abstands- und Hygieneregeln ganz erheblich. Hinzu kam noch, dass in vielen Berufen die staatlichen Auflagen und Hygienerichtlinien zu ungewohnten Arbeitsbedingungen führten und so die Produktivität in den nicht geschlossenen Betrieben zusätzlich verringert wurde.

Allerdings waren nicht alle Branchen von dem erzwungen Shutdown und den staatlichen Auflagen gleichermaßen betroffen. Während der Lebensmittelhandel und einige Bereiche des Onlinegeschäfts boomten und viele Handwerksbetriebe zumindest in Grundlast fahren konnten, bedeuteten die getroffenen Maßnahmen für andere Branchen eine Reduzierung des Geschäfts auf Null oder knapp darüber. Insbesondere die Gastronomie, die Tourismusbranche, der Nonfood-Einzelhandel und einige besondere Dienstleister, wie Friseure, Fitnesscenter oder Kosmetikstudios konnten über Wochen gar kein Angebot erbringen. Für Unternehmen bedeutet das eine Zeitspanne, in der sie nichts eingenommen haben, aber dennoch weiter Ausgaben, zumindest in Höhe der Fixkosten, hatten.

Auch wenn diese totale Unterbindung der Angebotserbringung nur relativ kurz war, führte das in vielen Unternehmen bereits zu Liquiditätsengpässen oder sogar in die Nähe der Insolvenz. Außerdem kaufen Unternehmen, die keine Einnahmen haben, auch nichts von Zulieferern und anderen Unternehmen, die dann ebenfalls keine oder zumindest weniger Einnahmen hatten.

Der Nachfrageschock

Anders als bei der Ölkrise 1973 bewirkte die Verringerung oder der Wegfall des Angebots bei der gegenwärtigen Krise keine exorbitanten Preissteigerungen einzelner Güter, sondern hat sich vor allem in einer Verringerung der Einkommen und damit der Kaufkraft derer niedergeschlagen, die normalerweise das Angebot erbringen. So führte die Verringerung des Angebots hier nicht wie beim klassischen Angebotsschock zu einem Anstieg der Preise, sondern zu einem Zusammenbruch der Nachfrage. Daran ändert es nichts, dass auch während dieser Krise einige Dienstleistungen und Güter teurer geworden sind und auch zunächst oder für immer teurer bleiben werden. So werden vermutlich Dienstleister, wie die Friseure, den erzwungenen zusätzlichen Aufwand auf den Endkunden umlegen oder die Restaurants werden die Preise erhöhen, weil sie nur noch weniger Tische besetzen können. Auch die Preise einzelner Güter, deren Produktion saisonal abhängig ist oder während des Shutdowns eingeschränkt war, sind zumindest kurzfristig teurer geworden. Obst, Gemüse und andere landwirtschaftlichen Produkte sind hier nur Beispiele. Und es werden auch einige Produkte dauerhaft teurer bleiben, weil die Anbieter auch nach der Krise noch an Verdienstausfällen und zusätzlichen Krediten leiden werden. Außerdem werden manche Preise auch deshalb höher bleiben, weil sie durchsetzbar waren und die Kunden sich an diese Preise gewöhnt haben. Aber das alles ist nicht vergleichbar mit den umfassenden Preissteigerungen in Folge der Verteuerung des Ölpreises 1973/74 und wird im Gegensatz zur Ölkrise zu keiner spürbaren Inflation führen.

Da Öl als Treibstoff und Rohstoff in die Preisgestaltung vieler weiterer Produkte und Dienstleistungen eingeht, schlug die Ölpreiserhöhung 1973/74 in Form von flächendeckenden Preiserhöhungen in beinahe allen Bereichen durch. Daher wurden weniger Güter und Dienstleistungen nachgefragt, wodurch die Auslastung der Betriebe abnahm. Das führte dann zunächst zu einem Anstieg der Arbeitslosenzahlen, zu Kurzarbeit und zu zahlreichen Insolvenzen. Aber auch danach erholten sich viele Branchen wie die Autoindustrie, die Baustoffproduktion oder die Chemieindustrie nur langsam. Im Zusammenhang mit dem darauf folgenden Anstieg der Inflation ergab sich daraus eine lange Phase der Stagflation, die sich bis in die 80er Jahre des letzten Jahrhunderts erstreckte. Deshalb wird die erste Ölkrise auch häufig mit dem Ende des deutschen Wirtschaftswunders gleichgesetzt.

Ein solcher Preisschub wie in der ersten Ölkrise, ist bei der Corona-Krise nicht zu befürchten. Hier wird der eigentliche Schaden erst einmal darin bestehen, dass die Kaufkraft durch Kurzarbeit und Verdienstausfälle auf breiter Front weggebrochen ist und die Konsumneigung durch die allgemeine Stimmung und die staatlichen Restriktionen gedämpft wurde.

In welcher Größenordnung sich der Rückgang der Kaufkraft bewegt hat, zeigt schon der Umfang der Kurzarbeit bei dieser Krise im Vergleich mit der letzten großen Wirtschaftskrise 2008/2009, die immerhin Jahrhundertkrise genannt wurde. In Folge dieser sogenannten Jahrhundertkrise waren in Deutschland ca. 1 Millionen Menschen in Kurzarbeit. 2020 am Höhepunkt der Corona-Krise haben die Unternehmen für ca. 10 Millionen Menschen Kurzarbeit beantragt. Mit Stand Juni 2020 haben sich im Peak ca. 7 Millionen Menschen tatsächlich in Kurzarbeit befunden. Im August waren es noch ca. 5 Millionen. Wenn man bedenkt, dass jeder dieser Betroffenen entweder wegen realer Einkommensverluste durch die Kurzarbeit oder wegen der Angst vor Arbeitslosigkeit den Konsum vermutlich etwas zurückschraubt, wird deutlich, warum und in welchem Umfang die Nachfrage eingebrochen ist und sich auch im Laufe des Jahres 2020 nicht vollständig erholt hat.

Schon daran sieht man, welche Dimension diese Wirtschaftskrise hat. Dabei ist die Kurzarbeit nicht der einzige Effekt ist, der sich negativ auf die gesamtwirtschaftliche Nachfrage auswirken wird. So werden in Folge des Produktionsstillstandes und wegen der unterbrochenen Lieferketten auch ein Teil der Investitionsausgaben wegfallen, die sich sonst als Nachfrage niedergeschlagen hätten. Viele Selbständige und Freiberufler haben durch erzwungene Betriebsschließungen oder andere Einschränkungen der Berufsausübung ihr Einkommen zumindest teilweise verloren. Auch die fehlende Kaufkraft der Menschen, die bereits während der erzwungenen Betriebsschließungen im März, April und Mai ihren Arbeitsplatz verloren haben, wird sich negativ auf die Nachfrage im Jahresschnitt auswirken.

Aber selbst nach einer langsamen Rückkehr zur Normalität ist die Kaufkraft und Konsumneigung noch deutlich niedriger, als vor der Epidemie. Manche Branchen wie die Tourismusindustrie, die Fluggesellschaften oder die Veranstaltungsunternehmen hatten auch nach der Öffnung der Einzelhandelsgeschäfte und der teilweisen Öffnung der Gastronomie erhebliche Umsatzeinbußen. Bekleidungsgeschäfte mussten im Laufe des Jahres 2020 schmerzlich zur Kenntnis nehmen, dass ihnen in der Frühjahrssaison nicht nur die Umsätze verloren gingen, sondern dass sie auch auf einer ganzen Menge, später unverkäuflicher, Ware sitzen geblieben sind. Geschäfte mit dünner Finanzdecke werden dies unter Umständen nicht überleben, selbst wenn im Sommer und Herbst der Umsatz langsam wieder zugenommen hat. Aber übers Jahr gerechnet waren Umsatz und Gewinn eben deutlich geringer, als in normalen Jahren. Während die Kosten kaum reduziert werden konnten. Und was der Winter 2020/2021 an Reiseeinschränkungen, Hygieneauflagen und Kontaktverboten noch bringt, wissen wir gegenwärtig (September 2020) noch nicht.

Auch in der produzierenden Industrie wird die Kurzarbeit nicht schlagartig verschwinden. Wertschöpfungsketten einer modernen, global aufgestellten Volkswirtschaft können schnell unterbrochen werden, brauchen aber einige Zeit, bis sie wieder voll funktionieren. Außerdem lassen die gerade steigenden Infektionszahlen im europäischen Ausland befürchten, dass die Exportwirtschaft doch nicht so schnell anspringen wird, wie man es im Juni und Juli erwartet hat und dass der Tourismusbranche die schlimmsten Zeiten noch bevorstehen.

Ein Drama in mehreren Akten

Die Begrifflichkeit der ökonomischen Schocks eignet sich gut, um zu erklären, was eine Krise ausgelöst hat und welche Kräfte auf das Wirtschaftssystem einwirken. Sie eignet sich aber weniger gut, um zu analysieren, was das alles für den einzelnen bedeutet, welche Schäden bereits eingetreten sind und mit welchen Folgeschäden noch zu rechnen ist.

Um sich diesen Fragen zu nähern und um die Zusammenhänge der verschiedenen Einflussfaktoren und Wirkungen zu verstehen, muss man den gesamten zeitlichen Verlauf der Krise betrachten. Dazu bietet es sich an, den bekannten oder zukünftigen Verlauf der Krise in Abschnitte oder Phasen zu strukturieren. Eine mögliche Einteilung in Phasen, besteht bei dieser Krise darin, von drei Phasen in der Krise und einer Nachkrisenphase zu sprechen. Wobei sich die letzte Krisenphase mit der Nachkrisenphase allerdings sehr stark überlappt.

Will man diesen Phasen einen Namen geben, so würde sich Folgendes anbieten:

- Die asiatische Phase
- Die Phase des Shutdowns
- Die Phase der Restriktionen
- Die Erholungsphase

Graphisch sieht diese Abfolge von Phasen dann wie folgt aus.

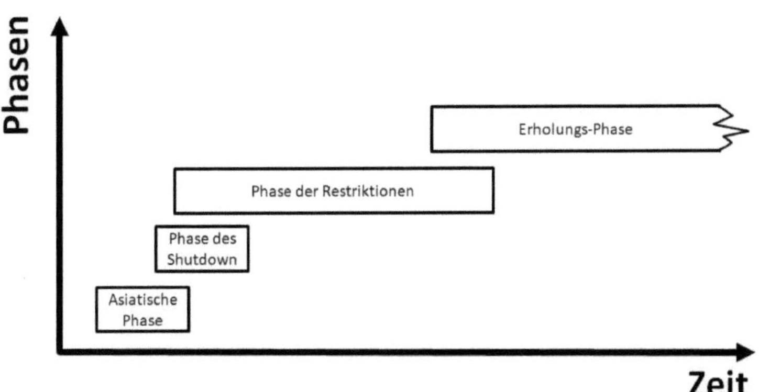

Schematische Darstellung der Abfolge der Phasen

Genaue Zeitpunkte des Beginns und der Beendigung einer Phase anzugeben, macht hier wenig Sinn, weil die Phasen in allen europäischen
Ländern leicht verschoben sind und sich darüber hinaus auch über-
schneiden, da sie die unterschiedliche Branchen und Länder zu verschiedenen Zeiten trafen. Daher sind die Phasengrenzen hier keine
scharfen Linien, sondern Zonen. Was bei dieser Betrachtung aber auch
nicht das Entscheidende ist. Viel wichtiger ist es, was in den einzelnen
Phasen geschehen ist, welche Entwicklungen sich in zukünftigen Phasen
abzeichnen, welche wirtschaftspolitischen Maßnahmen in den verschiedenen Phasen erforderlich sind und wie sich die Maßnahmen und
Ereignisse in den einzelnen Phasen mittel- und langfristig auswirken.

Die Phasen der Krise

Die **erste Phase**, die man auch asiatische Phase nennen könnte, ist
dadurch gekennzeichnet, dass sich die Krankheitsfälle der Corona-
Epidemie überwiegend oder ganz auf Asien beschränkt haben. Auch
staatliche Maßnahmen, wie die Schließung von Häfen und Fabriken
oder regionale Quarantänemaßnahmen waren zu dieser Zeit ausschließlich in asiatischen Ländern wirksam.
Wirtschaftlich wirkte sich das in Europa oder den USA lediglich durch
die Unterbrechung von Lieferketten und im anfangs noch geringen
Rückgang der asiatischen Nachfrage nach Exporten aus europäischen
Ländern und den USA aus. Insgesamt führte das aber im ersten Quartal
2020 in Deutschland schon zu einem Rückgang der Wirtschaftsleistung
um gut ca. 2 % im Vergleich zum Vorquartal. Im Quartalsvergleich ist
das der stärkste Rückgang seit der Finanzkrise in 2008/2009. Trotzdem
ist Deutschland dabei noch gut weggekommen. In Spanien, Italien und
Frankreich, den drei anderen großen Volkswirtschaften im Euroraum,
schrumpfte die Wirtschaftsleistung im ersten Quartal 2020 bereits um 5
bis 6 %. Im gesamten Euroraum um fast 4 %.
Trotz der dramatischen Zahlen wäre dies allein kein großes Problem für
eine solide Volkswirtschaft. In der letzten großen Finanzkrise brach das
Sozialprodukt in Deutschland im zweiten Quartal 2008 immerhin um ca.
8 % ein. Dennoch erholte sich die deutsche Volkswirtschaft relativ
schnell. Nicht zuletzt auch deswegen, weil die Regierung in Deutschland

schnell reagiert und mit verschiedenen konjunkturbelebenden Maßnahmen, wie Krediten, Bürgschaften, vereinfachten Ausschreibungen und einer Abwrackprämie für Autos, gegengesteuert hat. Hinzu kommt, dass Deutschland mit einem sehr gut ausgebauten Sozialsystem die Folgen der Krise abfedern und die Kaufkraft erhalten konnte. Insbesondere die Institution des Kurzarbeitergeldes hat damals den Beschäftigungsstand trotz Krise in großem Umfang aufrechterhalten und die Kaufkraft gestützt.

Hätte die gegenwärtige Krise nur aus der ersten Phase bestanden und hätte unmittelbar danach die Phase der Erholung und des Wiederaufschwunges begonnen, wäre die Bezeichnung Corona Beben mit ziemlicher Sicherheit übertrieben. Denn dann wäre es vermutlich zu der V-förmigen Kurve der wirtschaftlichen Entwicklung gekommen, wie sie die Ökonomen im Januar und Februar 2020 prognostiziert hatten. Stattdessen folgte der ersten Phase der Krise eine zweite wesentlich schmerzlichere Phase.

In dieser **zweiten Phase** erreichte das Virus zunächst Europa, danach die USA. Das führte dann überall zu einer Reihe einschneidender Maßnahmen, inklusive der Schließung von Institutionen, Gastronomiebetrieben und Geschäften, sowie der Einstellung vieler wirtschaftlichen Aktivitäten. Damit erreichte die Krise eine ganz andere Qualität. Jetzt ging es nicht mehr darum, welche Fabrik ihre Produktion einschränken musste, weil ihr durch die Unterbrechung von Lieferketten die Vorprodukte oder Einzelteile fehlten. Es ging auch nicht mehr darum welche Absatzmärkte für die deutsche und europäische Wirtschaft gerade wegbrachen, weil einschränkende Maßnahmen in Asien griffen. Jetzt ging es darum, dass große Bereiche der heimischen Wirtschaft ihre Leistungserbringung aufgrund staatlicher Anordnung einstellen mussten oder in ihrer Leistungserbringung stark eingeschränkt waren. Dazu kam, dass in bestimmten Branchen auch jetzt schon die Nachfrage deutlich wegbrach.

Wenn Autohäuser geschlossen bleiben und der Endverbraucher in Deutschland und im Ausland wegen Quarantänemaßnahmen und Existenzängsten keine Lust hat, Autos zu kaufen, macht es wenig Sinn, die Bänder auf Hochtouren laufen zu lassen und auf Halde zu produzieren. Das zwang dann auch Branchen, wie die Autoindustrie zur Kurzarbeit und zu anderen produktionsreduzierenden Maßnahmen. Vor allem aber verkauften sie in dieser Zeit so gut wie keine Autos, was nichts anderes bedeutet, als monatelang ohne Einnahmen wirtschaften zu müssen.

Trotzdem traf es die Autobranche und das produzierende Gewerbe nicht so hart wie andere Bereiche, da sie zumindest einen Teil ihrer Produktion aufrecht erhalten konnten und in der Regel auch über die entsprechenden Kapitaldecken verfügen, um eine Durststrecke über längere Zeit durchzustehen. Zumal ein Teil des Umsatzes nur zeitlich verschoben wurde und der Staat hier mit verschiedenen Formen von Maßnahmen, wie der Elektroautoprämie oder der befristeten Reduzierung der Umsatzsteuer, unter die Arme griff.

Allerdings ist auch hier davon auszugehen, dass nicht die gesamte aufgeschobene Nachfrage nach Autos später noch voll wirksam wird. Ein Teil davon wird mit Sicherheit verloren sein, da beim potentiellen Kunden Kaufkraft verloren ging und nicht jedem in einer schwierigen Wirtschaftslage der Kopf gerade auf Neuwagenkauf steht. Hinzu kommt, dass die Autobauer wohl einiges an Rabatten und Preisnachlässen bieten müssen, um ihre auf Halde produzierten, langsam veraltenden Modelle vom Hof zu bekommen. Das dürfte nicht nur den Umsatz, sondern vor allem auch den Gewinn schmälern, was jetzt besonders ungünstig ist, da sich die gesamte Autobranche ohnehin in einer schwierigen Zeit befindet. Diverse Abgasskandale, Stickoxidwerte, der Imageverlust des Diesels und die Klimabewegung zwingen gerade die gesamte Branche zu hohen Investitionen in Richtung Elektromobilität und anderer alternativer Mobilitätskonzepte, was aber alles viel Geld für Investitionen erfordert, das man in Zeiten der Kurzarbeit und der Absatzflaute nicht unbedingt hat.

Trotzdem wird die im Kern robuste Autoindustrie in Deutschland und einigen anderen europäischen Ländern überleben. Aber sicher nicht, ohne Federn zu lassen. Allein der Umstieg vom Verbrennungsmotor auf den momentan gehypten Elektroantrieb, wenn er denn flächendeckend kommt, führt dazu, dass in der Produktion und in der Wartung weniger Arbeitskräfte gebraucht werden.

Das zusammen mit der gegenwärtig sichtbaren Absatzflaute und dem daraus resultierenden Kostendruck, wird mit Sicherheit zu einem Abbau von Arbeitsplätzen führen. Wie viele das sind, wird unter anderem davon abhängen, wie schnell die Nachfrage wieder anspringt und in welchem Umfang staatliche Hilfen fließen werden. Es wird aber auch davon abhängen, wo sich die Autoindustrie in den Mobilitätskonzepten des 21. Jahrhunderts positioniert.

In den anderen Bereichen des produzierenden Gewerbes bot sich ein sehr heterogenes Bild. Je nachdem, wie abhängig die Betriebe von asiatischen Zulieferern waren, in welchem Maße sie im Rahmen der Just-in-time Produktion auf Lagerhaltung verzichtet haben und wie stark ihre Absatzmärkte geschrumpft sind, wurden sie von der Pandemie unterschiedlich hart getroffen. Manche Branchen und Betriebe, wie die Bauindustrie, überstanden die Kernzeit der Pandemie recht gut. Die Mehrheit hat aber erhebliche Umsatzeinbußen hinnehmen müssen.

Wen die zweite Phase aber mit voller Wucht getroffen hat, ist der gesamte Einzelhandel (außer Lebensmittel und Drogerieartikel) und vor allem auch die Gastronomie, sowie die Tourismusbranche. Hier sind über einen Zeitraum von ca. sechs bis zwölf Wochen überhaupt keine Umsätze möglich gewesen, während ein Großteil der Fixkosten erst einmal unverändert weiter anfiel. Entscheidend war dabei, dass die früheren Umsätze nach dem totalen Shutdown nicht sofort zurückgekehrt sind, sondern sich nach der Öffnung der Geschäfte nur sehr langsam erholt haben.

Was das für den Einzelhandel bedeutet hat, sieht man am besten an der Situation eines Bekleidungsgeschäftes in guter Innenstadtlage. Wenn dieses Geschäft wegen der Corona-Epidemie vier bis sechs Wochen schließen musste und gleichzeitig hohe Mieten, Gehälter und Energiekosten angefallen sind, wird die Kapitaldecke schnell dünn. Hinzu kommt, dass buchstäblich mit jedem Tag der Schließung die Chancen geschwunden sind, Teile der Frühjahrskollektion noch an den Mann bzw. die Frau zu bringen. Zwar reagierten viele Unternehmen auf den Shutdown mit Kurzarbeit oder Entlassung der Aushilfskräfte. Aber das ändert nichts daran, dass das Gros der Kosten während des Shutdowns weiter anfiel.

Trotzdem wird sich diese Phase des totalen Shutdown in der Retrospektive als der geringere Teil des Problems darstellen. Zwar lässt sich der wirkliche Schaden dieser Phase auch Ende 2020 noch nicht genau kalkulieren, da viele Probleme erst mit einer gewissen Verzögerung sichtbar werden und sich erst nach einiger Zeit sagen lässt, welcher Teil des Umsatzes sich in Geschäften, Restaurants und in Reisebüros nur verschoben hat und welcher Anteil verloren ging. Aber der gesamte Umsatzverlust wird sich weder im Einzelhandel noch in der Tourismusbranche voll ausgleichen lassen. Wie sich das auf einzelne Unternehmen auswirkt, wird sich erst 2021 oder 2022 zeigen.

Es hat sich aber bereits jetzt gezeigt, dass gesund finanzierte Unternehmen im Zusammenwirken mit staatlichen Hilfen diese zeitlich begrenzte Phase überstanden haben und wohl auch überleben werden. Allerdings hätte diese Phase auch nicht viel länger dauern dürfen. Bei einer Schließung von zwei bis drei Monaten wäre sicher auch vielen solide finanzierten Unternehmen der Atem ausgegangen. Ansonsten trennt ein solcher realer Stresstest natürlich auch immer die Spreu vom Weizen und macht die Wirtschaft etwas robuster.

Wenn z.B. große Restaurant- oder Kaufhausketten schon nach zwei bis drei Wochen Corona-Shutdown in ernsthafte Liquiditätsprobleme kommen, dann waren sie auch vor Corona nicht sonderlich gut aufgestellt oder hatten zu geringe Umsätze, zu hohe Kosten und zu wenig Gewinn. Corona hat dies nicht verursacht. Die Pandemie legte das nur offen.

Die entscheidende Phase dafür, wie diese Wirtschaftskrise in einigen Jahren zu bewerten sein wird, ist aber nicht die zweite Phase mit dem eigentlichen Shutdown, sondern die **dritte Phase**, in der die Politik mit Maßnahmen und Infektionszahlen jonglieren muss und die **vierte Phase** in der die Weichen für die Zukunft gestellt werden.

Zum Zeitpunkt der Drucklegung dieses Buches befinden wir uns mitten in der **dritten Phase** und es ist noch nicht absehbar, wie diese Phase endet. Denn nach einem kontinuierlichen Abklingen des Infektionsgeschehens im Juni und Juli 2020 sind im August und vor allem im September die Infektionszahlen in ganz Europa wieder stark gestiegen. Wie sich das in den nächsten Monaten weiterentwickelt, liegt aber im Herbst 2020 noch genauso im Dunkeln, wie der Zeitpunkt, an dem ein wirkungsvoller Impfstoff zur Verfügung stehen wird. Trotzdem lassen sich jetzt schon einige Überlegungen darüber anstellen, was die Phase der Restriktionen beeinflusst und welche Auswirkungen sich daraus für den weiteren Verlauf der Wirtschaftskrise ergeben.

Einer der wesentlichen Bestimmungsgrößen dieser Phase ist die Geschwindigkeit und der Umfang, in dem die Hygienemaßnahmen und Kontaktbeschränkungen durch Regierung und Kommunalbehörden aufgehoben bzw. angepasst werden. Das ist natürlich in erster Linie vom weiteren Infektionsverlauf und den sich laufend verbessernden medizinischen Schutz- und Behandlungsmöglichkeiten abhängig. Es ist aber auch davon abhängig, wie intelligent, kreativ und flexibel die zuständigen Ministerien und Behörden mit der Situation umgehen.

Vor dem Hintergrund von europaweit wieder ansteigenden Infektionszahlen, erscheint allerdings die Annahme gerechtfertigt, dass wir mit der Epidemie noch eine Zeit lang leben müssen, auch wenn die eine oder andere Maßnahme zum Infektionsschutz abgemildert oder ausgesetzt werden wird. Solange aber kein Impfstoff und/ oder Heilmittel gegen Covid-19 gefunden ist, werden wir auf Abstandsregeln, bestimmte Kontakteinschränkungen oder Gesichtsmasken im öffentlichen Raum kaum verzichten können.

Solange das nur die vorgeschriebene Bewegungsrichtung auf dem Weg zur Kasse in der Tankstelle oder die Abstandsregelung vor der Kasse im Supermarkt sind, würde das die Wertschöpfungsprozesse in den einzelnen Betrieben, Geschäften und Restaurants nicht sonderlich einschränken. Wenn aber die Halbierung der Tischzahl in einem Restaurant noch lange aufrechterhalten wird, kann das für manchen Betrieb bedeuten, dass er noch Monate unterhalb der Rentabilitätsgrenze arbeiten muss. Das ist sicher besser als gar keinen Umsatz zu machen, aber auch nicht unbegrenzt durchhaltbar. Zumindest führt es dazu, dass das Jahr 2020 bei vielen Betrieben eher an der Substanz zehrt, als dass es geeignet wäre, Rücklagen für die nächste Krise zu schaffen. Wobei die Substanz mancher Betriebe schon jetzt oder in Kürze aufgebraucht ist. Sollten jetzt noch weitere Einschränkungen, wie frühere Sperrstunden, Verkaufsverbote für Alkohol oder Schließung von Clubs hinzukommen, dürften die Indolvenzahlen in der Gastronomie Anfang 2021 sprunghaft steigen.

In anderen Branchen, die durch Abstands- und Hygieneregeln in ihrer Leistungserbringung eingeschränkt sind, oder unter Reisebeschränkungen und anderen Auflagen leiden, sieht es ähnlich aus. All das zusammen wird die Produktivität der deutschen Wirtschaft noch bis auf weiteres erheblich einschränken und die wirtschaftliche Leistungserbringung zumindest erschweren. Da sich das auch auf die Gewinne der Unternehmen auswirkt, wird die Nachfrage nach Investitionsgütern vorerst ebenfalls noch niedrig bleiben. Auch deshalb, weil immer noch große Unsicherheiten darüber bestehen, wann, wie und in welchem Umfang die Nachfrage nach Konsumgütern wieder deutlich zunimmt.

Genau hierin liegt auch die zweite wesentliche Bestimmungsgröße dieser Krisenphase. Denn bisher macht es noch nicht den Eindruck, dass die Phase des Shutdowns zu einem Nachfragestau geführt hätte, der nach der Wiedereröffnung der Geschäfte und Restaurants schnell wirksam geworden wäre und alle unbefriedigten Konsumwünsche schnellstmöglich nachgeholt worden wären. Stattdessen konnte man eher beobachten, dass sich die potentiellen Konsumenten sehr verhalten zeigten und Innenstädte und Geschäfte auch Wochen nach der Wiedereröffnung relativ leer waren. Erst Monate später kann man in den meisten Branchen von einer deutlichen Erholung der Nachfrage sprechen, auch wenn sie im gesamten zweiten Halbjahr 2020 sicher nicht das Niveau der Vorjahre erreichen wird. Insgesamt war die Konsumaktivität im Herbst 2020 zwar teilweise wieder erstarkt, aber immer noch leicht verhalten. Sollten zusätzliche Maßnahmen, wie eine Maskenpflicht im gesamten Innenstadtbereich oder in der gesamten Fußgängerzone, hinzukommen, dürfte sich das auf die Konsumfreude und damit auf den Umsatz wieder spürbar dämpfend auswirken.

Kombiniert mit Beherbergungsverboten, zusätzlichen Sperrstunden und weiteren Einschränkungen für das Hotelgewerbe, die Gastronomie und die Schausteller, wird damit das zarte Pflänzchen des wieder erstarkenden Konsums schnell wieder abgewürgt. Das könnte dann der endgültige Todesstoß für manche Einzelhandelsgeschäfte, Schausteller und Gastronomen sein, die bisher gerade so überlebt haben.

Für den weiteren Verlauf der Krise wird es aber auf jeden Fall mit ausschlaggebend sein, wie sich die Einstellung zum privaten Konsum in den nächsten Monaten entwickelt und ob sich das gesamte Konsumverhalten durch die Pandemie, den Shutdown und die lange Zeit der Restriktionen sogar vielleicht längerfristig verändert hat.

Neben diesen Binnenfaktoren, Länge der Phase der Restriktionen und Konsumverhalten der eigenen Bevölkerung, wird es für den weiteren

Verlauf der Krise auch von großer Bedeutung sein, wann die Nachfrage in anderen Ländern wieder anspringt, wie viel Kaufkraft in den stärker betroffenen Ländern noch vorhanden ist, wann sich diese Kaufkraft erholt und wie lange es dauert, bis alle Wertschöpfungsketten wieder in vollem Umfang stehen. Entscheidend wird aber auch sein, wie sich das Infektionsgeschehen in unseren Partnerländern entwickelt, welche strikteren Maßnahmen dort im Winter erlassen werden und wie sich diese Maßnahmen auf das Wirtschaftsgeschehen in den potentiellen Importländern deutscher Waren auswirken.

Aber auch wenn diese heiße Phase der Wirtschaftskrise überwunden ist, besteht noch kein Grund sich zurückzulegen. Denn dann stellt sich in einer **vierten Phase** die Frage, wie schnell sich die deutsche, europäische und weltweite Wirtschaft erholt und wie sich die Wirtschaftssysteme für die Zukunft ausrichten. Zeitlich lässt sich diese Phase nicht so ohne weiteres eingrenzen, da sie schon während der Phase der Restriktionen begonnen hat und nach hinten hin offen ist.

In dieser vierten Phase wird es von wesentlicher Bedeutung sein, die eigene Wirtschaft auf die Zukunft auszurichten und sie wettbewerbsfähig zu machen in einer Welt, die sich auch ohne Corona weiterentwickelt hätte, aber durch Corona noch zusätzliche und andere Impulse erfahren hat.

Diese Entwicklungen vorherzusehen und alle Maßnahmen darauf auszurichten, wird eine der großen Herausforderung für die Unternehmen, aber auch für die staatliche Wirtschaftspolitik sein. Spätestens in dieser Phase reicht es nicht mehr aus, nur einfach Geld zu leihen und zu verteilen, denn das würde eher dazu führen, dass ineffektive Strukturen zu lange erhalten bleiben, sich zu viele Akteure zurücklehnen und permanent notwendige Reformen weiter hinausgeschoben werden.

Statt weiterhin immer mehr Geld zu verteilen, müssen in dieser Phase Anreize und Strukturen geschaffen werden, die Wachstum begünstigen und die heimische Industrie auf die Zukunft ausrichten. Denn die Welt um uns herum wird nicht stillstehen und darauf warten, bis wir den Anschluss an die Wirtschaft von Morgen gefunden haben.

Gerade solche Erschütterungen, wie sie durch eine derartige Wirtschaftskrise ausgelöst werden, führen regelmäßig dazu, dass sich die Machtstrukturen und Wettbewerbsverhältnisse schneller ändern, als sie es sonst getan hätten. Die Aufgabe, die sich hier der Wirtschaftspolitik stellt, besteht darin, die eigne Volkswirtschaft in der veränderten ökonomischen Landschaft optimal zu positionieren. Was sicher nicht allein durch Kredite, Bürgschaften und Zuwendungen erfolgen kann.

Die Wirtschaft in der Krise
Die Lage nach dem Shutdown

Ein halbes Jahr nach dem totalen Shutdown im zweiten Quartal 2020 leben wir heute in einer Situation, in der das wirtschaftlichen Leben zwar nicht mehr lahmgelegt ist, die aber auch noch nicht der Normalität entspricht. Diese Lage ist in Deutschland im Wesentlichen durch folgende Bestimmungsfaktoren gekennzeichnet:

- Der im zweiten Quartal stark zurückgegangene Export deutscher Güter hat sich langsam erholt, aber noch nicht das Niveau des Vorjahres erreicht,
- die Inlandsnachfrage, die während des Shutdowns in vielen Branchen zum völligen Erliegen gekommen ist, hat sich ebenfalls erholt, ist aber in vielen Marktsegmenten immer noch deutlich geringer als im letzten Jahr,
- Lieferketten sind zwar teilweise beschädigt worden, aber nicht völlig zusammengebrochen,
- knapp fünf Millionen Menschen befinden sich im August 2020 noch in Kurzarbeit,
- die Arbeitslosigkeit ist im August 2020 auf ca. 6 % leicht gestiegen und
- die Zahl der Unternehmensinsolvenzen ist zumindest bis Mitte 2020 ungefähr auf dem Stand des Vorjahresniveaus geblieben.

Auf den ersten Blick sieht dieses Bild zwar nicht gerade rosig aus, aber auch nicht katastrophal oder besorgniserregend. Insbesondere die Arbeitslosenzahl hat in Deutschland selbst unmittelbar nach dem Shutdown nur eine Größenordnung erreicht, von der manch andere Länder schon vor der Corona-Krise geträumt hätten. Auch die anderen Zahlen wären nicht wirklich dramatisch, wenn man davon ausgehen könnte, dass sie nur zwei oder drei Quartale betreffen werden und danach von einer Phase anhaltenden starken Wachstums kompensiert werden würden. Das ist aber gegenwärtig nicht sicher und hängt von vielen Faktoren ab. Außerdem ist hier zu bedenken, dass die Arbeitslosigkeit ohne das Instrument der Kurzarbeit deutlich höher liegen würde und dass auch die Zahl der Insolvenzen nur deshalb so niedrig ist, weil einige Bestimmungen des Insolvenzrechts zurzeit außer Kraft gesetzt sind.

Das könnte sich aber schnell anders darstellen, wenn sich im Frühjahr 2021 immer noch Millionen Menschen in Kurzarbeit befinden und wenn das normale Insolvenzrecht wieder greift, während viele Firmen stark überschuldet sind und sich in einer schlechten Ertragslage befinden. Dann steht uns die große Welle der Unternehmenspleiten noch bevor und wir werden ganz andere Arbeitslosenzahlen sehen.

Ende 2020 ist daher nicht die entscheidende Frage, wie tief der wirtschaftliche Einbruch im zweiten Quartal war, sondern wie lange wir noch mit reduzierter Drehzahl laufen und wie lange die Erholungsphase dauert. Das wird aber im Wesentlichen davon abhängen:

- Wie lange es dauern wird, bis unsere größten Handelspartner sich von der Krise erholt haben und die Auslandsnachfrage wieder das alte Niveau erreicht.
- Wie lange die immer noch bestehenden Restriktionen aufrechterhalten werden oder ob sie sogar verschärft werden.
- Wie viele Unternehmen so angeschlagen sind, dass sie eine längere Phase einer schwachen Konjunktur nicht überleben werden.
- Ob die Unternehmen schnell genug die notwenige Dynamik entfalten, um wieder echtes Wachstum zu kreieren.

Von der Beantwortung dieser Fragen wird es abhängen, wie schwer die gegenwärtige Rezession ausfällt, wie lange sie dauert und welchem wirtschaftlichen Niveau wir uns nach der Krise einpendeln werden.

Auslandsnachfrage

Deutschland ist als traditioneller Exportweltmeister wie kaum ein anderes Land vom Export seiner Waren abhängig. Das betrifft insbesondere die Warengruppen Fahrzeuge, Maschinen, Maschinenteile, elektrische und optische Geräte und Chemieprodukte. Weniger oder kaum bedeutend für den deutschen Export sind landwirtschaftliche Erzeugnisse, Konsumartikel und Bekleidung.

Positiv wirkt sich dabei für Deutschland aus, dass Kraftfahrzeuge das größte Segment im deutschen Export Portfolio darstellen und Deutschland vor allem bei den Premium Klassen sehr stark aufgestellt ist. Erfahrungsgemäß bricht in Krisen der Markt für die teuren Fahrzeuge der Luxusklasse weniger stark ein, als für Mittelklasse- oder Kleinwagen.

Problematischer sind hingegen der allgemeine Maschinenbau und der Markt für technische Ausrüstung, da diese Branchen stark von der Investitionstätigkeit in den Abnehmerländern abhängen. Gerade dieser Investitionsgütermarkt dürfte aber auf einen kommenden Aufschwung deutlich träger reagieren, als der Markt für Konsumgüter. Denn selbst wenn die Menschen wieder angefangen haben mehr zu konsumieren, wird mancher Unternehmer, der Monate lang Umsatzeinbrüche hinnehmen musste und mit staatlichen Krediten belastet ist, erst einmal abwarten, bis er größere Investitionen tätigt.

Vor dem Hintergrund, dass viele Abnehmerländer für deutsche Produkte aus dem Bereich Maschinenbau und Ausrüstungstechnik härter als Deutschland von der Corona-Epidemie betroffen waren, wird es einige Zeit dauern, bis die Auslandsnachfrage für Investitionsgüter wieder das Niveau erreicht hat, das sie vor der Pandemie hatte. Dabei ist auch zu berücksichtigen, dass viele ausländische Firmen nach der Corona Krise nicht mehr existieren dürften. Was für die Exporteure bedeutet, dass sie sich zumindest teilweise jetzt einen neuen Kundenstamm aufbauen müssen, um nächstes Jahr Umsätze zu erzielen.

Weiterhin zu berücksichtigen ist die Entwicklung der Rohstoffpreise, da besonders die ölexportierenden Länder wie Saudi Arabien oder Russland zuverlässige Importeure deutscher Industriegüter sind. Ihr Appetit nach deutschen Waren wird aber nicht zuletzt davon abhängen, wie viel sie mit dem Verkauf von Öl einnehmen. Ein anhaltend niedriger Ölpreis, würde sich somit ebenfalls nachteilig auf deutsche Exportchancen auswirken. Wobei ein niedriger Ölpreis andererseits in Deutschland die Produktionskosten senkt und dem Verbraucher mehr Geld für heimische Waren im Portemonnaie lässt. Somit dürfte ein niedriger bis moderater Ölpreis, wie er mittelfristig zu erwarten ist, keinen allzu großen Einfluss auf die gesamtwirtschaftliche Erholung haben. Auch wenn er sich auf den Exportmarkt leicht negativ auswirkt.

Eine besondere Rolle werden in der Phase der Konsolidierung die Länder der Europäische Union und der Eurozone spielen, da Deutschland immer noch die Masse seiner Exportgüter in den Euroraum und die Europäische Union verkauft. Hier waren aber insbesondere die großen

Volkswirtschaften, wie Italien und Spanien besonders hart von der Pandemie betroffen. Es wird daher für die Erholung der deutschen Exportwirtschaft von großer Bedeutung sein, wie schnell sich Länder, wie Italien, Spanien, aber auch Österreich oder die Niederlande von der Pandemie erholen.

Vor allem in Italien und Spanien bestehen hier aber große Fragezeichen, da sich beide Länder immer noch nicht voll von der Finanzkrise und der Eurokrise erholt haben und die längsten und intensivsten Shutdowns in Europa hatten. Außerdem hängen beide großen Volkswirtschaften in starkem Maße vom Tourismus ab, der gerade 2020 erheblich gelitten hat und noch leidet. Darüberhinaus steigen momentan (September 2020) in den meisten europäischen Ländern die Infektionszahlen deutlich stärker, als in Deutschland. Wenn das, wie man es schon jetzt an ersten Schritten sehen kann, wieder zu restriktiveren Maßnahmen, einschließlich lokaler Shutdowns, führt, dürfte das sehr negative Auswirkungen auf unsere Exportindustrie haben.

Grund zum Optimismus findet sich eher im fernen Osten. Gerade China, einer der wichtigsten Handelspartner Deutschlands in dieser Region, meldet bereits wieder positive Wachstumszahlen. Und das nicht im Vergleich zum Vormonat, sondern zum Vergleichszeitraum des letzten Jahres. Allerdings sind hier Zweifel an der Seriosität der Daten durchaus angebracht. Zum einen neigt der ganze Apparat in China von der Provinzregierung bis zu den nationalen Ministerien zum Schönfärben von Zahlen und zum anderen kann China als Exportgigant kaum kräftig wachsen, solange die potentiellen Importländer in Europa oder Nordamerika noch mit den Folgen der Krise kämpfen. Dennoch spricht einiges dafür, dass China wirtschaftlich schneller wieder auf die Beine kommt, als Europa oder die USA.

Zu berücksichtigen ist hier auch ein zunehmender Hang zum Protektionismus und zur Verquickung von politischen Zielen mit Handelsrestriktionen, wie er sich in den letzten Jahren z.B. im Handelskrieg USA-China gezeigt hat. Dieser Trend könnte sich durch die Corona-Krise in manchen Ländern verstärken, was die Exportmärkte ebenfalls belasten würde.

Binnenkonjunktur

Der zweite bedeutende Pfeiler einer starken Konjunktur ist der Binnenmarkt. Dieser trägt in Deutschland mit ungefähr 50 % zum Sozialprodukt bei und ist daher genauso entscheidend für die schnelle wirtschaftliche Erholung, wie der Außenhandel. Im Gegensatz zur Auslandsnachfrage, bei der die Einwirkungsmöglichkeiten einer nationalen Regierung naturgemäß sehr gering sind, kann der Binnenmarkt durch unterschiedlichste Maßnahmen recht gut beeinflusst werden. Folglich wird es vom richtigen Mix und der richtigen Größenordnung der wirtschafts- und finanzpolitischen Maßnahmen abhängen, wann der deutsche Binnenmarkt sein Vorkrisenniveau wieder erreichen wird oder sogar übertrifft.

Entscheidend dafür ist es aber zunächst einmal ins Kalkül zu ziehen, welche Faktoren das Lahmen oder das Wachstumm des wirtschaftlichen Geschehens gegenwärtig bewirken und wie diese Faktoren beeinflusst werden können. Letztlich wird sich bei dieser Analyse immer wieder die Frage stellen, was sich alles auf die Nachfrage nach Konsum- und Investitionsgütern auswirkt und wie man diese Nachfrage stimulieren kann.

In Bezug auf die Investitionsgüter gilt hier am Binnenmarkt das Gleiche, wie im Ausland. Erst wenn die Konsumgüternachfrage wieder ansteigt und die Unternehmer genug Vertrauen in die Zukunft entwickelt haben, wird sich eine starke Investitionstätigkeit einstellen. Aber auch nur bei den Unternehmen, die trotz der coronabedingten Umsatzeinbrüche und der zusätzlichen Verschuldung noch finanziellen Spielraum zum Investieren haben. Dieser ist zwar nicht bei allen, aber doch bei vielen Firmen noch vorhanden, schwindet aber genau wie der Optimismus zusehends mit der Länge der Krise.

Zwar konnte man ab Juli 2020 einen recht deutlichen Anstieg des vom Münchner ifo Instituts erstellten Geschäftsklimaindex beobachten, aber das sollte man nicht überbewerten. Zwar ist so ein Anstieg dieses Indexes grundsätzlich ein sehr positives Zeichen, da er zeigt, dass die wirtschaftlichen Entscheidungsträger wieder positiver in die Zukunft blicken, als einige Monate zuvor. Aber was sollen sie den sonst machen, nachdem sie den Shutdown überstanden haben und die Lieferketten wieder anlaufen. Ob das aber anhält, wenn die Regelungen der Kurzarbeit auslaufen, die staatlichen Hilfen zurückbezahlt werden müssen, das inländische Konsumklima leicht gedämpft bleibt und die Märkte in den

USA und den europäischen Nachbarländern nicht schnell genug Schritt aufnehmen, ist eine ganz andere Frage. Daher ist dieser Anstieg des Geschäftsklimaindex zwar gute Medizin gegen den Pessimismus, aber bei weitem noch nicht ausreichend, um in überschwänglichen Optimismus zu verfallen.

Trotzdem bleibt festzustellen, dass sich gerade Deutschland ab Sommer 2020 eindeutig auf dem Pfad der wirtschaftlichen Erholung befindet. Die Frage ist nur wie schnell diese Erholung fortschreitet, welchen Level sie innerhalb der nächsten ein oder zwei Jahre erreicht, ob es Rückschläge durch weitere Infektionswellen gibt und welche Folgekosten wir den zukünftigen Generationen aufbürden.

Wie die Antworten auf diese Frage aussehen, hängt unter anderem davon ab, wie schnell die Nachfrage nach Investitions- und Konsumgütern wieder ihr altes Niveau erreicht. Manch bewährte Mittel der Konjunkturpolitik, wie schuldenfinanzierte Konjunkturprogramme, werden hier sicher notwendig und auch hilfreich sein, um die erforderliche Kaufkraft zu schaffen und die notwendige Nachfrage zu erzeugen.

Andere Klassiker der Konjunkturpolitik, wie die Senkung der Zinssätze werden in diesem Falle wenig helfen, da die Europäische Zentralbank den Zinssatz schon seit Jahren künstlich nahe der Nulllinie hält. Daher besteht hier praktisch kein Spielraum mehr für eine weitere Senkung des Zinssatzes. Außerdem kann man davon ausgehen, dass kein Unternehmer investiert, solange er pessimistisch in die Zukunft blickt. Wer nur Risiken statt Chancen sieht, wird kein Geld für neue Maschinen ausgeben, selbst wenn der Zinssatz noch so niedrig ist. Auch ein billiger Kredit muss zurückgezahlt werden und dazu müssen Chancen existieren, mit denen man Geld verdien kann, und keine Risiken, mit denen man Geld verliert.

Daher wird es besonders darauf ankommen, wie viele zusätzliche Schulden bei den potentiellen Nachfragern von Investitionsgütern noch angehäuft werden und wie optimistisch die potentiellen Käufer von Maschinen in die Zukunft blicken. Diesen Optimismus kann man aber nicht allein durch Konjunkturprogramme erzeugen. Er entsteht nur, wenn es gelingt ein allgemeines Klima des Aufbruchs zu schaffen und wenn vor allem der private Konsum wieder anspringt.

Der private Konsum

Gegenwärtig (September 2020) kann man beobachten und auch statistisch belegen, dass der private Konsum in den meisten Bereichen wieder deutlich zugenommen hat. Allerdings nicht stürmisch und ungehemmt, sondern eher verhalten und vorsichtig. Außerdem haben sich während der Shutdown-Phase die bevorzugten Konsumfelder merklich verschoben. Während Branchen, wie der Handel mit Lebensmitteln, Fahrrädern oder Campingartikeln sogar kräftige Zuwächse erzielten, haben andere Branchen, wie der Textilhandel oder die Gastronomie spürbar Federn gelassen. Auch die Einstellung zum Konsum hat sich durch oder während Corona merklich verändert. Dabei zeigt sich ein sehr breitgefächertes Spektrum von Varianten des Konsumverhaltens oder von Einstellungen zum Konsumieren.

Besonders deutlich sieht man das in der Gastronomie und in der Unterhaltungsbranche. Während ein Teil der Bevölkerung immer noch sehr vorsichtig ist, sich an die Corona Regeln hält, Restaurants meidet und den Urlaub zumindest in diesem Jahr lieber Zuhause verbringt, feiern andere hemmungslos und scheren sich nicht mehr um die allgemeinen Verhaltensregeln zur Eindämmung der Pandemie.

Das gleiche Bild sieht man etwas weniger extrem im Einzelhandel. Zwar hat sich auch hier in den meisten Branchen der Umsatz wieder deutlich belebt, aber noch nicht wieder das Normalniveau erreicht. Insgesamt ist die Nachfrage im Handel und im Dienstleistungssektor auf dem Weg nach oben, aber eben noch nicht dort angekommen, wo sie sein müsste, um einen steilen und nachhaltigen Aufschwung auszulösen. Außerdem ist auch nicht sicher, ob dieser Anstieg der Umsätze kontinuierlich anhält oder ob er sich auf einem niederen Niveau einpendelt. Auch der gerade sichtbare Anstieg der Infektionszahlen mit den eventuell folgenden Verschärfungen der Hygiene- und Abstandsregeln könnte die bisher gute Entwicklung schnell beenden. Aber ganz gleich wie der Infektionsverlauf in Zukunft aussieht, sind wir gegenwärtig mit einem niedrigen Nachfrageniveau konfrontiert, das zwar langsam ansteigt, aber noch nicht in dem Bereich angekommen ist, der für ein dynamisches Durchstarten der Wirtschaft notwendig wäre.

In der klassischen Konjunkturtheorie wird als Ursache für so ein Fehlen der Nachfrage häufig ein zu geringes Volkseinkommen angenommen.

Was grundsätzlich einleuchtet und oft auch richtig ist. Wenn die Menschen weniger verdienen, können sie auch weniger ausgeben und fragen daher weniger Güter und Dienstleistungen nach.

In der Corona Krise scheint sich das auch so zu bestätigen. Durch die staatlichen Maßnahmen zur Epidemiebekämpfung war ein erheblicher Teil der Erwerbsbevölkerung zur Kurzarbeit gezwungen, viele Selbständige hatten weniger Einkommen und viele Unternehmer hatten weniger Gewinn. Dazu kamen die Entlassung der Aushilfen und eine Abnahme der Investitionstätigkeit. Das waren lauter Entwicklungen, die zu einer Verringerung der Einnahmen bei Privatpersonen und Unternehmen führten und deren Kaufkraft reduziert hat. Als Folge davon muss die aggregierte Nachfrage nach Investitions- und Konsumgütern abnehmen. Das ist auch so passiert.

Aber wenn man sich die Situation in Deutschland etwas genauer ansieht, stellt man unschwer fest, dass in der Corona Krise nicht alle Menschen gleich hart von den Einkommensverlusten betroffen waren. Während die eine Gruppe aus Kurzarbeitern, Gastwirten, Freiberuflern, Ladeninhabern und Beschäftigten, die ihren Arbeitsplatz verloren haben, echte Einnahmeverluste hinnehmen musste und noch immer hinnehmen muss, gibt es auch Gruppen, die von der Corona Krise einkommensmäßig überhaupt nicht betroffen waren und auch nicht betroffen sein werden. Dazu gehören vor allem die Beamten und staatlichen Angestellten, sowie zahlreiche Angestellte aus Industrie und Handel, die von Kurzarbeit nicht betroffen waren/sind und deren Job zumindest mittelfristig sicher ist. Dazu gehören aber auch die Pensionäre und Rentner, die in einer langsam überalternden Gesellschaft eine nicht zu unterschätzende Gruppe von Konsumenten darstellen.

Somit mussten zwar viele Menschen große Einkommensverluste hinnehmen, aber eben nicht alle. Deshalb fiel die Verringerung des Volkseinkommens bisher insgesamt gar nicht so stark aus, wie eine sehr oberflächliche Betrachtung vermuten ließe. Außerdem spielte das verfügbare Einkommen während des eigentlichen Shutdowns auch keine so große Rolle, da die Möglichkeiten des Konsumierens durch die Schließung von Geschäften, Dienstleistern und Restaurants stark eingeschränkt waren. Daher müsste sich gerade bei den finanziell weniger betroffenen Gruppen einiges an Kaufkraft aufgestaut haben, die unmittelbar nach dem Shutdown als Nachfrage wirksam hätte werden können. Genau das ist aber nicht passiert.

Insgesamt ist die Verringerung der Nachfrage viel stärker ausgefallen, als es sich allein aus der Verringerung des Einkommens erklären ließe. Vor allem sah man keine aufgestaute Konsumwut, die zumindest bei den Gruppen vorhanden hätte sein müssen, die während des Shutdowns keine Einkommenseinbußen hinnehmen mussten und über Wochen kein Geld ausgeben konnten. Aber statt unmittelbar nach dem Shutdown die versagten Shoppingerlebnisse sofort nachzuholen, zeigte man eher ein sehr gedämpftes Kaufverhalten in oft leeren Läden. Das gleiche gilt für Restaurants und viele Dienstleister auch jetzt noch.

Dabei zeigt sich, dass die Verringerung der Nachfrage eben nicht nur von den klassischen Faktoren Einkommen und Verfügbarkeit von Gütern bestimmt wird, sondern dass es hier auch noch zahlreiche andere Einflussgrößen gibt, die in der gängigen Wirtschaftstheorie kaum Beachtung finden.

In der Corona Krise sind derartige Einflussfaktoren neben dem Einkommen:

- Eine Atmosphäre der Ungewissheit,
- die Angst vor Ansteckung,
- die Angst vor Jobverlust/Pleite und
- Restriktionen in Geschäften, Restaurants, Hotels und Verkehrsmitteln.

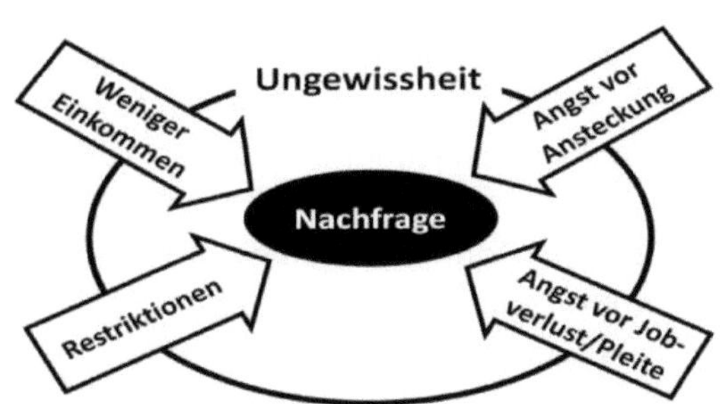

Einflussfaktoren auf die Nachfrage am Binnenmarkt

Jenseits der Gleichungen

In den ökonomischen Standardmodellen geht man gewöhnlich von einem Menschen aus, der keine Gefühle kennt und auch keine grundsätzliche Einstellung zu bestimmten Sachverhalten hat. Stattdessen denkt dieser sogenannte Homo Öconomicus rein rational und hat weder Ängste noch Hoffnungen. Er kennt nur ein Ziel, die Maximierung des Nutzens. Daher lässt sich sein Verhalten auch durch Gleichungen beschreiben und in Kurven darstellen.

Aber leider gibt es diesen Menschentyp nicht in der Realität. Der reale Mensch ist im Gegensatz zum Homo Öconomicus nicht frei von Gefühlen, Ängsten und Hoffnungen. Er entscheidet auch höchst selten rein rational, sondern wird bei all seinen Entscheidungen von Überzeugungen, Gewohnheiten und Gefühlen beeinflusst.

Diese emotionale oder irrationale Seite des Menschen kommt in den meisten ökonomischen Modellen nicht vor, spielt aber bei jeder realen wirtschaftlichen Entscheidung eine wichtige Rolle. Ganz gleich ob wir Konsumgüter kaufen, einen Job annehmen, einen Kredit beantragen oder eine Investitionsentscheidung treffen, immer werden wir dabei von unseren Hoffnungen, Ängsten, Stimmungen und Überzeugungen beeinflusst. Besonders stark wirken sich diese Einflussfaktoren aber in einer Lage wie der Corona-Krise aus, die in einzigartiger Weise von Ängsten, Unsicherheiten und Isolationserlebnissen geprägt war und zum Teil noch ist. Hier spielen menschliche Faktoren eine viel größere Rolle als in „normalen Zeiten".

Ob die Menschen in der Krise optimistisch oder pessimistisch in die Zukunft blicken, ob sie Angst um ihren Arbeitsplatz haben oder ob sie während des Shutdowns gelernt haben, dass man auf viele Konsumgüter, Luxusartikel und Dienstleistungen leicht verzichten kann, wird auf den zukünftigen Verlauf der Konjunktur einen mindestens genauso großen Einfluss haben, wie die Milliarden, die gegenwärtig als Konjunkturhilfen in das Wirtschaftssystem gepumpt werden.

Aber Gefühle, Erwartungen und Einstellungen lassen sich nicht so ohne weiteres messen und in Zahlen fassen, wie Geld- oder Warenströme. Deshalb sind sie bei den Ökonomen auch nicht sehr beliebt und werden kaum berücksichtigt. Wahrscheinlich auch deswegen, weil sie sich nicht in Gleichungen pressen und als Kurven zeichnen lassen.

Stattdessen bedarf es beim Umgang mit diesen Faktoren einer scharfen Beobachtungsgabe, der notwendigen Sozialkompetenz, sowie eines gesunden Menschenverstandes, um die Situation zu verstehen und zu analysieren. Allerdings gibt es auch für diese Faktoren bereits erste Studien und Umfragen, die versuchen die Einstellungen und Überzeugungen zu quantifizieren, die sich während der Corona-Krise gebildet und etabliert haben.

Man sollte bei solchen Studien aber immer etwas vorsichtig sein, da die Antworten, die in Umfragen gegeben werden, nicht immer mit dem Alltagshandeln und den tieferen, oft unbewussten Überzeugungen der Befragten übereinstimmen. So gab es z.B. zahlreiche Umfragen, in denen sich eine Mehrheit über längere Zeit ziemlich konstant für die Beibehaltung der Corona-Maßnahmen ausgesprochen hat. Gleichzeitig zeigten aber die, über anonyme Handydaten ermittelten Bewegungsprofile, dass die Mobilität der Menschen wieder zunahm. Was im Widerspruch zu der Bejahung der Kontakt- und Mobilitätsrestriktionen steht.

Antworten, die in Befragungen gegeben werden, passen eben nicht immer zum gezeigten Verhalten. Aber diesen Effekt kennen wir bereits aus vielen anderen Befragungen. So müssten es ja rein mengenmäßig auch die gleichen Personen sein, die im Supermarkt nach dem billigsten Sonderangebot für Hackfleisch greifen, aber sich in Umfragen für bessere Bedingungen der Tierhaltung, Schlachtung und Fleischverarbeitung aussprechen.

Aussagekräftiger sind deshalb schon eher die Umsatzstatistiken des Einzelhandels, der Dienstleister und der Gastronomie aus der Phase der Normalisierung. Hieraus kann man ablesen, dass die Konsumneigung und das Verbraucherverhalten auch vier oder sechs Wochen nach dem eigentlichem Shutdown noch sehr zurückhaltend waren und auch nicht den Eindruck machten, innerhalb kürzester Zeit wieder auf ihr altes Niveau zurückzukehren. Die Gründe dafür lagen sicher zum Teil im geringeren Einkommen der Bevölkerung. Aber sie lagen auch in zahlreichen psychologischen Faktoren, die in der Zeit des Shutdowns und in der Phase der Restriktionen überall spürbar waren.

Ungewissheit

Jede Krise ist für den Einzelnen eine Zeit der Umbrüche und der Bedrohung, die sich immer auch als spürbare Verunsicherung der Menschen niederschlägt, was man im Übrigen in jeder Wirtschaftskrise beobachten kann. Gerade in der Corona-Krise spielt aber das Gefühl der Verunsicherung eine größere Rolle als in den vergangenen Wirtschafts- und Finanzkrisen. In gewisser Weise wurde es sogar zum dominanten Gefühl in einer Lage, in der die reale oder gefühlte Bedrohung hoch und die gesicherte Information rar war und noch immer ist.

Das begann schon unmittelbar nach dem Ausbruch der Epidemie. In dieser früheren Phase der Krise war es für den Einzelnen praktisch unmöglich, sich ein Bild davon zu machen, wie hoch sein Ansteckungsrisiko war, wie gefährlich die Krankheit für ihn sein könnte oder wie man sich am besten vor einer Ansteckung schützen kann. Praktisch alles, was man in dieser frühen Phase der Epidemie von Politikern, Virologen oder aus der Presse erfuhr, stand im Widerspruch zu anderen Äußerungen oder erwies sich am nächsten Tag bereits wieder als falsch. Dass sich in dieser Situation, die auch zunehmend bedrohlicher geschildert wurde, eine Atmosphäre der Unsicherheit und Verunsicherung verbreitet hat, ist mehr als selbstverständlich.

Vieles von dieser Verunsicherung beruhte natürlich darauf, dass man zu Beginn der Epidemie praktisch gar nichts über das neue Virus wusste und es auf die offenen Fragen einfach keine Antworten gab. Das wurde dann auch noch unterstützt durch die oft nicht sehr glückliche Informationspolitik von Instituten, Politikern und Behörden.

Wenn am Anfang der Epidemie in allen offiziellen Kanälen von einem nicht vorhandenen bis geringem Risiko gesprochen wurde und diese Einschätzung dann ständig nach oben korrigiert werden musste, dann verunsichert das natürlich die Bevölkerung. Hinzu kamen eine Presseberichterstattung und Statements von Wissenschaftlern, die sich gerade am Anfang ständig widersprachen. Da war das Tragen von Masken einmal sinnvoll, dann war es wieder nutzlos. Einmal waren die Kapazitäten des Gesundheitswesens völlig ausreichend und ein anderes Mal war das Gesundheitssystem vom Zusammenbruch bedroht. Und auch über viele andere Aussagen zur Corona-Epidemie bestand und besteht immer noch viel Unsicherheit. Dazu kamen die beunruhigenden Bilder aus dem

Ausland, von denen man auch nicht wusste, wie aussagekräftig und repräsentativ sie wirklich waren.

Viel von dieser Verunsicherung bezüglich der Erkrankung selbst besteht auch heute noch, obwohl wir einige Monate nach dem Ausbruch der Epidemie schon deutlich mehr über den Erreger und seine Ausbreitung wissen. Aber eben noch lange nicht alles. Was auch immer noch zu viel Unsicherheit und fehlender Gewissheit führt.

In diesem Zusammenhang ist auch zu sehen, dass widersprüchliche Aussagen, denen man über eine längere Zeit ausgesetzt ist, immer einen Vertrauensverlust gegenüber offiziellen Stellen mit sich bringen. Fehlendes Vertrauen in die Glaubwürdigkeit der Institutionen führt aber seinerseits wieder zu mehr Verunsicherung in der Bevölkerung. Zu dieser Unklarheit über den Verlauf und die Gefährlichkeit einer möglichen Erkrankung kamen während der Corona-Krise für viele Menschen noch weitere Quellen der Verunsicherung und Ungewissheit hinzu.

Das begann schon mit den ersten Maßnahmen. Niemand wusste so recht, was alles an Kontaktbeschränkungen und Ausgangssperren auf uns zukommt oder welche Geschäfte morgen noch geöffnet haben werden. Dabei war gerade für Eltern die Unsicherheit über den Umfang und Zeitraum der Schließung von Kitas und Schulen besonders belastend, da die Parallelität von Kinderbetreuung und Berufsausübung für viele zum ernsten Problem wurde. Ein weiteres Feld der weit verbreiteten Verunsicherung ergab sich aus der Frage nach der zeitlichen Ausdehnung der gesetzlichen Maßnahmen des Infektionsschutzes, da hiervon für viele das Einkommen und die wirtschaftliche Existenz abhingen. Beigetragen zu dieser Verunsicherung hat auch ein Flickenteppich aus sich ständig ändernden Maßnahmen, die zu Teil schlecht begründet waren und für die Bevölkerung kaum mehr nachvollziehbar sind, wie die Beherbergungsverbote von Reisenden aus inländischen Krisenregionen.

Alles in allem entstand während der Corona-Krise schnell eine allgemeine Atmosphäre der Unsicherheit, die wahrscheinlich auch anhalten wird, bis wir die Epidemie vollkommen im Griff haben. Was vermutlich erst dann sein wird, wenn ein Impfstoff existiert und/oder wirksame Medikamente zur Behandlung der Krankheit gefunden wurden. Bis dahin werden wir vermutlich noch in dieser Atmosphäre der Verunsicherung leben müssen und so lange wird sich die Atmosphäre der Ungewissheiten auch noch auf das Konsumverhalten der Menschen auswirken und die Nachfrage nach Konsumgütern dämpfen.

Das gleiche gilt natürlich ebenso für die Investitionstätigkeit der Firmen. Auch hier ist Ungewissheit über die Zukunft pures Gift. So lange die Unternehmen nicht wissen, wann die Auslandsnachfrage wieder anspringt, alle Lieferketten wieder funktionieren, wie lange sie noch durch Hygieneauflagen in ihrer Tätigkeit eingeschränkt sind und wann die Konsumlust der Verbraucher zurückkehrt, werden sie nicht groß investieren. Da hilft es auch nichts, dass die Zinsen nahe Null sind und der Staat das eine oder andere Programm fördert.

Angst vor Ansteckung

Wenn wir nicht wissen, wie groß die Wahrscheinlichkeit ist, sich mit einer Krankheit anzustecken und wie schwer uns der Krankheitsverlauf treffen kann, wird Verunsicherung schnell zur Angst. Zu einer Angst, die uns dazu bringt Geschäfte zu meiden, Menschen zu misstrauen und unser soziales Leben einzuschränken.

Diese Angst war natürlich besonders stark ausgeprägt, als bei uns die Infektionszahlen das erste Mal gestiegen sind und täglich Horrorbilder aus Spanien, Italien und den USA über den Bildschirm flimmerten. Aber auch als die Infektionszahlen sich langsam stabilisierten, ist diese Angst nicht gänzlich verschwunden und auch in vielen Situationen heute noch spürbar.

Sollten in naher Zukunft nicht nur die Infektionszahlen, sondern auch die schweren Verläufe und Todesfälle wieder steigen, wird auch die Angst vor dem Virus wieder zunehmen. So sehr diese zunehmende Angst aber auch das Konsumklima dämpft und wirtschaftliche Schäden anrichtet, hat sie doch auch einen positiven Aspekt, indem sie dazu beiträgt, dass Kontaktbeschränkungen und Hygieneregeln eingehalten werden und damit noch rigidere Maßnahmen oder gar ein zweiter Shutdown vermieden wird. Dennoch muss man sich bewusst sein, dass die Maßnahmen, die auf der einen Seite helfen die Pandemie unter Kontrolle zu bringen, auf der anderen Seite schwere Schäden in der Wirtschaft anrichten. Die Abwägung ist hier sicher nicht leicht, da zu früher Leichtsinn auch der Auslöser einer neuen Infektionswelle sein könnte, die dann die Wirtschaft extrem hart treffen würde. Anderseits aber zu rigide Maßnahmen die Wirtschaft abwürgen und eventuell unser Wirtschaftssystem dauerhaft schädigen werden.

Gegenwärtig kann man aber nicht nur eine erneute Zunahme der Angst beobachten, sondern auch einen wachsenden Bevölkerungsanteil, der die Angst langsam verliert und die Vorsicht durch Leichtsinn ersetzt, wie sich an der Art zu feiern und zu reisen unschwer erkennen lässt. Wobei allerdings der deutlich größere Teil der Bevölkerung, die Bedrohung durch Covid-19 immer noch sehr ernst nimmt und in seinem Verhalten häufig von tief sitzenden Ängsten geprägt ist. Wobei diese Ängste bisher zwar langsam abgenommen haben und einer Art „Normalität unter Maske" gewichen sind, aber auch wieder schnell zunehmen können, wenn die Infektionszahlen weiterhin steigen oder die Situation im Winter eskalieren sollte.

Positiv gesehen könnte man die Angst vor der Infektion auch als Vorsicht oder Verantwortungsbewusstsein bezeichnen. Aber ganz gleich, ob man es Angst oder Vorsicht nennt und ob das Maß der Vorsicht immer gerechtfertigt ist oder nicht, am Ende führt es zum gleichen Ergebnis. Menschen minimieren aus Angst, Vorsicht oder Verantwortungsbewusstsein ihre Kontakte und meiden den öffentlichen Raum. Was sich in weniger Besuchen in Geschäften oder in einer kürzeren Verweildauer in den Läden oder in einem Meiden von öffentlichen Verkehrsmitteln äußert.

Nun weiß aber jeder Marketingstratege, dass nur ein gewisser Teil des Umsatzes im Einzelhandel durch gezielte, sorgfältig geplante Einkäufe zustande kommt und dass ein anderer Teil auf Spontankäufen beruht, die sich zufällig beim Aufenthalt im Laden ergeben. Genau diese Spontankäufe fallen aber weg, wenn ein erheblicher Teil der Bevölkerung nur noch so kurz wie möglich in den Geschäften verweilt und ausschließlich geplante Einkäufe tätigt. Aber auch in allen anderen Bereichen wirtschaftlicher Aktivitäten bleibt die Angst vor Ansteckung nicht folgenlos. Je mehr Menschen davon betroffen sind, desto mehr werden Kontakte und Nähe vermieden, was durchaus die Effizienz von Kommunikations- und Arbeitsprozessen herabsetzen kann.

In ihrer Summe führt die Angst vor einer Ansteckung daher zu einer Verringerung der wirtschaftlichen Aktivitäten und dem Umsatz in Geschäften, Restaurants und bei Dienstleistern. Insbesondere ist diese Angst daher ein Konsumhemmnis, das die Binnennachfrage dämpft.

Angst vor Jobverlust und Pleite

Wer nicht weiß, wie lange er oder sie noch wegen der Kurzarbeit weniger verdient, wie sicher der eigene Job ist oder ob sein oder ihr neugegründetes Unternehmen die nächsten Monate überleben wird, ist eher bemüht das Geld zusammenzuhalten, als in einen ungebremsten Konsumrausch zu verfallen. Solange diese Angst die eigene Existenz das Denken vieler Menschen beherrscht, werden eine Wiederbelebung des Konsums und ein Wachstum des Umsatzes im Einzelhandel und in der Gastronomie noch auf sich warten lassen.

Gerade diese Wiederbelebung des Konsums ist aber einer der Pfeiler einer wiedererstarkenden Konjunktur. Im Moment sitzt das Geld bei vielen Menschen einfach nicht so locker, um den Konjunkturmotor sofort wieder auf hohe Drehzahlen zu bringen. Zu sehr steht bei vielen Menschen im Moment die Angst um die eigene wirtschaftliche Existenz im Mittelpunkt des Denkens und Fühlens. Was durchaus normal und nachvollziehbar ist.

Diese Angst vor der Zukunft wird aber von den üblichen ökonomischen Faktoren, wie Einkommen, Zinssatz oder Preisniveau, nicht abgebildet. In einer Situation, in der zwar die Arbeitslosigkeit gering ist, aber viele Menschen nicht wissen, ob sie ihren Arbeitsplatz behalten werden, ist das augenblickliche Einkommen nicht die konsumbestimmende Größe. Viel entscheidender ist hier die Einschätzung der Situation in einigen Monaten oder nächstes Jahr. Also die Zuversicht, die Hoffnung und der Optimismus mit denen man in die Zukunft blickt. Solange diese Einstellungen nicht positiv sind, wird kaum ein Betroffener mehr konsumieren oder investieren. Daran ändern auch staatliche Geldgeschenke nur wenig.

In diesem Zusammenhang bekommt Wirtschaftspolitik auch eine ganz andere Bedeutung. Sie muss neben den Geldgeschenken, die in der Gegenwart durchaus notwendig sind, vor allem die Zuversicht und den Optimismus erzeugen, die den Menschen Sicherheit für die Zukunft geben. Das muss im Übrigen nicht einmal Geld kosten, ist aber dennoch schwerer, als geliehene Milliarden großzügig zu verteilen.

Einschränkungen und Restriktionen

Selbst als die Geschäfte und Gastronomiebetriebe nach dem Shutdown wieder öffnen durften, blieben die Tische in den Restaurants erst einmal leer und in den Bekleidungsgeschäften sah man in den ersten Wochen nach der Wiedereröffnung mehr Personal als Kunden auf der Verkaufsfläche.

Der Grund dafür lag natürlich, wie in den vorherigen Kapiteln beschrieben, in der weit verbreiteten Angst vor Ansteckung, in der Angst vor der Zukunft und in der spürbaren Atmosphäre der allgemeinen Ungewissheit. Aber die starke Zurückhaltung im Besuch von Geschäften und Restaurants lag auch an den vielen Regeln, die erlassen wurden, um die Ausbreitung der Infektion einzudämmen und sie unter Kontrolle zu behalten. Daher blieben selbst Wochen nach der Wiedereröffnung der Geschäfte der Andrang der Kunden und der Umsatz weit unter den Werten, bei denen er vor der Epidemie lag.

Mittlerweile (August 2020) kann man beobachten, dass die Kundschaft in Geschäften und Restaurants langsam zurückkehrt. Aber es wird bestimmt noch einige Zeit dauern, bis die alte Normalität erreicht ist. Was auch nicht besonders verwunderlich ist, denn niemand genießt den Ausflug ins Einkaufszentrum mit Abstandsregeln und unter Maske. Auch das Verlangen nach einem Restaurantbesuch wird schnell gedämpft, wenn man auf dem Weg zum Tisch eine Maske tragen muss und erst einmal die Speisekarte desinfiziert wird, bevor man sie in die Hand bekommt. Ähnlich sieht das beim Anprobieren von Bekleidung oder beim Stöbern in Buchläden aus. Mit Maske ist es einfach nicht sehr angenehm und animiert nicht zum langen Verbleib im Geschäft. Betroffen sind davon auch viele Dienstleistungsbetriebe, wie Friseure und Kosmetikstudios, die ihre Leistungen gegenwärtig unter etwas unwirklichen Bedingungen erbringen müssen.

Diese und viele andere einschränkende Maßnahmen dämpfen die Nachfrage im Einzelhandel, bei den Dienstleistungen und in der Gastronomie noch immer merklich. Eine Gesichtsmaske und ein Formular im Restaurant zur Erfassung von Kontaktdaten hat eben nicht nur eine biologische oder bürokratische Dimension, sondern auch eine psychologische. Sie verleiden vielen Menschen das Vergnügen des Einkaufens oder des Ausgehens. Ob sich die Menschen mit der Zeit daran gewöhnen oder ob die Konsumverdrossenheit sich als Grundstimmung etabliert, bleibt abzuwarten, wird aber ausschlaggebend dafür sein, wie die Wirtschaftskrise weiter verläuft und wie schnell sie überwunden werden kann.

Verschärft wird diese Problematik noch durch die momentan steigenden Infektionszahlen. Denn glaubte man vor einigen Wochen noch daran, dass die erlassenen Maßnahmen zur Pandemiebekämpfung langsam immer mehr zurückgenommen werden, ist gegenwärtig eher eine Verschärfung in Sicht. Sollte aber eine Maskenpflicht in den gesamten Innenstädten, umfassende innerdeutsche Reisebeschränkungen und Sperrstunden in vielen Großstädten über den gesamten Winter bestehen, bringt das den nächsten Dämpfer für den Einzelhandel und den Todesstoß für viele Gastronomiebetriebe.

Daraus ergibt sich das Dilemma, dass die verschiedenen Maßnahmen zur Eindämmung der Epidemie einerseits als Konsumhemmnisse wirken, aber andererseits auch dabei helfen ein neue heftige Infektionswelle mit einem eventuellen zweiten Shutdown zu verhindern, was den ökonomischen GAU darstellen würde.

Trotzdem müssen wir aber ständig alle Maßnahmen zur Pandemiebekämpfung auf den Prüfstand stellen und beurteilen, was sie wirklich zur Eindämmung des Infektionsgeschehens beitragen und welchen wirtschaftlichen Schaden sie anrichten. Denn sollte so schnell kein wirksamer Impfstoff gefunden werden, brauchen wir einen Plan B. Dabei müssen wir dann überlegen, was wir dem Wirtschaftssystem noch zumuten können, welche Risiken wir eingehen wollen und welche Strategien notwendig sind, um die verschiedenen Ziele in Einklang zu bringen.

Psychologie als Wirtschaftsfaktor

Beinahe alle bisher diskutierten und beschlossenen staatlichen Maßnahmen zur Rettung und Wiederbelebung des Wirtschaftslebens, haben einen rein finanziellen Charakter. Sie versuchen durch Steuererleichterungen, niedrige Zinssätze, staatliche Zuwendungen oder Kredite die Kaufkraft zu erhalten und zunächst den völligen Absturz der Konjunktur zu verhindern, um danach die Überreste dieser Konjunktur wieder zu beleben.

Dafür sind viele der bisher getroffenen Maßnahmen nicht nur zweckmäßig, sondern auch nötig gewesen. Wären in der Shutdown-Phase oder unmittelbar danach zu viele Unternehmen pleite gegangen und hätten zu viele Menschen ihre Arbeit verloren, wäre es nach der Überwindung der Epidemie unsäglich mühsamer eine völlig zerstörte Ökonomie wieder aufzubauen, als eine geschrumpfte, aber im Wesentlichen intakte Wirtschaft wieder zu beleben.

Während des Shutdowns und unmittelbar danach ist das mit den Mitteln der klassischen Konjunkturpolitik auch gut gelungen. Bisher ist die Anzahl von Insolvenzen erstaunlich niedrig und die Arbeitslosenzahl ist kaum gestiegen. Dadurch blieben wirtschaftliche Strukturen erhalten und Fachkräfte in den Betrieben. Die Gesamtwirtschaft ist damit in einem Zustand, in dem nichts neu aufgebaut werden muss, sondern die Produktion und der Handel in den bestehenden Strukturen und mit den vorhandenen Akteuren nahezu verzugslos wieder ausgeweitet werden können.

Aber Kurzarbeitergeld, abgemilderte Insolvenzregeln und Geld vom Staat wird es nicht ewig geben. Irgendwann müssen auch diese Hilfen einmal auslaufen und die Normalität zurückkehren. Dann wird es entscheidend sein, welche Ängste immer noch vorhanden sind, wie die Menschen mit der noch immer existierenden allgemeinen Ungewissheit und Unsicherheit umgehen, welche Einstellungen zu Konsum und materiellen Werten sich in der Phase des Shutdowns eventuell verändert haben und wie optimistisch wir in die Zukunft sehen. Phänomene, die in den Bereich der Psychologie fallen und sehr schwer vorhersehbar sind, aber in den Blickpunkt der Konjunkturpolitik rücken müssen, wenn wir die Krise zügig und nachhaltig überwinden wollen.

Die Hoffnungen, Ängste oder die konsumhemmenden Wirkungen von Hygieneregeln sind aber nicht die einzigen psychologischen Faktoren, die bei der Bewältigung der gegenwärtigen Krise eine Rolle spielen. Daneben könnte auch der zunehmende Leichtsinn und Egoismus einzelner Gruppen eine wesentliche wirtschaftliche Bedeutung erlangen, wenn sie zu einer neuen Infektionswelle führen sollten. Vor allem wenn eine Zunahme der Infektionszahlen einen zweiten Shutdown oder andere sehr restriktive Maßnahmen des Infektionsschutzes verursachen sollte. Disziplin und Einsicht sind daher auch einer der Schlüssel, um diese Pandemie und die darauf basierende Wirtschaftskrise hinter uns zu lassen. Diese kann man aber nicht durch Verbote und Vorschriften erzwingen, sondern sind eine psychologische Größe, die die Reife einer Gesellschaft und ihre Fähigkeit zeigt, Krisen zu überwinden.

Wem es gelingt, einerseits die wirtschaftlich schädlichen Restriktionen immer mehr abzubauen und andererseits erfolgreich für Disziplin und Einsicht in der Krise zu werben, könnte zum wirklichen Helden oder zur wirklichen Heldin der Pandemie aufsteigen.

Krisenmechanismen
Leben in einer komplexen Welt

Volkswirtschaften sind von Natur aus komplexe Systeme. Sie bestehen aus vielen Elementen, die sich in einem dichten Geflecht von Wechselwirkungen gegenseitig beeinflussen und die mit unterschiedlicher Verzögerung auf Ereignisse und Maßnahmen reagieren. Wobei diese Reaktionen nicht immer proportional zur Intensität der Ursachen ausfallen und sich Elemente des Systems durch positive Rückkopplungen soweit aufschaukeln können, dass sie zum Kollaps des Gesamtsystems führen.

Von all dem merken wir normalerweise wenig, da die meisten Wirtschaftssysteme auch über viele dämpfende und stabilisierende Funktionen verfügen, so dass oft der Eindruck entsteht, wir würden ökonomisch in einem linearen oder statischem Gefüge leben. Dass dem nicht so ist, merken wir jedes Mal, wenn wir wieder von einer Wirtschafts- oder Finanzkrise überrascht werden. Dann offenbart unser Wirtschaftssystem seine komplexe Natur und zeigt ein stark turbulentes Verhalten mit unerwarteten Effekten.

Um den komplexen Charakter einer Volkswirtschaft zu erkennen, bedarf es aber nicht immer einer ausgewachsenen Wirtschafts- oder Finanzkrise. Bei aufmerksamer Beobachtung fällt schon im „Normalbetrieb" auf, dass Volkswirtschaften keinen einfachen Regeln folgen und ihr Verhalten praktisch nicht vorhersagbar ist. Andernfalls würden die Prognosen der Volkswirte nicht jedesmal soweit neben der Realität liegen, dass sie praktisch unbrauchbar sind. Was sich im Übrigen über Jahre und Jahrzehnte durch einen Vergleich der prognostizierten Werte mit den eingetretenen Werten leicht zeigen lässt.

Noch viel mehr als in „normalen Zeiten" tritt der komplexe Charakter von Wirtschaftssystemen in den Vordergrund, wenn es um die Entstehung von Krisen und deren Verlauf geht. Gerade wenn eine Krise nicht auf externen Einflüssen, den sogenannten Schocks, beruht und augenscheinlich aus dem Nichts kommt, zeigt sich darin das typische Verhalten komplexer Systeme. Oft baut sich dann das eigentliche Krisenpotential in Form von Blasen auf, die im Wesentlichen auf einem von Gier angetriebenen, sich selbstverstärkenden Preisanstieg von Immobilien, Aktien oder anderen Assets beruhen.

Sowohl die große Wirtschaftskrise 1929, als auch das Platzen der Dotcom-Blase oder zu einem gewissen Grad auch die Finanzkrise 2008 sind hervorragende Beispiele für diesen Effekt.

Für die Wirtschaftskrise in Folge der Corona-Pandemie trifft dies allerdings nicht zu. Hier waren es keine Nichtlinearitäten oder positive Rückkopplungen, die die Krise ausgelöst haben, sondern ein ganzes System von ineinander verschachtelten Angebots- und Nachfrageschocks. Dennoch spielt auch bei dieser Krise der komplexe Charakter von Volkswirtschaften eine zentrale Rolle.

Wenn es darum geht, zu beurteilen, wie die Krise weiter verläuft, wie sich staatliche Maßnahmen auswirken und was uns das alles kosten wird, lässt sich vieles nur begreifen, wenn man den komplexen Charakter einer Volkswirtschaft mit in Betracht zieht. Das bedeutet ganz konkret, dass man nicht immer davon ausgehen sollte, dass bestimmte Maßnahmen nur eine einzige naheliegende Wirkung hervorrufen, sondern dass man auch berücksichtigt, auf wie viele andere Bereiche sich eine bestimmte Maßnahme noch direkt oder indirekt auswirkt. Es bedeutet auch, dass man bewusst danach sucht, welche Wirkungen erst mit Verzögerung zu erwarten sind, wo zwischen Ursache und Wirkung nichtlineare Beziehungen bestehen und wo sich Wirkungen selbst verstärken und sich daher gefährlich aufschaukeln können.

Da wir alle diese Effekte in der Corona-Krise vorfinden, sollen hier einige davon etwas näher betrachtet werden. Daran lässt sich veranschaulichen, welche Prozesse und Zusammenhänge den weiteren Verlauf der Krise bestimmen werden und wie sich mögliche Eingriffe auswirken können. Es wird dabei aber auch deutlich, warum man die Wirkungen bestimmter Maßnahmen nicht so einfach vorhersagen kann, wie es manchmal auf den ersten Blick erscheint.

Aber auch wenn sich das Verhalten komplexer Systeme nur sehr begrenzt vorhersagen lässt, hilft das Wissen über solche Systeme und über die Effekte, die darin auftreten, besser zu verstehen, was in einer Wirtschaftskrise passiert und welche Maßnahmen erforderlich sind, um auf das System einzuwirken. Insbesondere hilft es aber dabei, zu identifizieren welche Krisenverläufe möglich sind und was den einen oder anderen Verlauf begünstigen oder beeinträchtigen kann. Daraus lassen sich dann Szenarien ableiten und im günstigsten Fall auch die Umstände benennen, unter denen ein bestimmtes Szenario eintreten wird. Außerdem hilft es, Maßnahmen zu identifizieren, mit denen man zielgerichtet auf die Krise einwirken kann.

Nichtlinearitäten

Der Mensch neigt normalerweise zum Denken in linearen Beziehungen. Wir bewegen uns dabei in einem Weltbild, in dem eine Verdopplung der Intensität oder der Einwirkungszeit einer Maßnahme zu einer Verdopplung des Ergebnisses führt. Also in einem Weltbild, das von linearen Beziehungen geprägt ist.

Die echte Welt ist aber voll von Nichtlinearitäten, also von Prozessen, bei denen eine stetige Erhöhung des Inputs nur noch zu minimalen Steigerungen des Outputs führt oder minimale Erhöhungen des Inputs plötzlich ein überproportionales Wachstum auslösen. In so einer Welt sind Entwicklungen und Folgen viel schwieriger vorherzusagen, als im simplen Kosmos der linearen Beziehungen.

Im Falle einer konkreten Krise, wie sie die Corona-Epidemie ausgelöst hat, bedeutet dies, dass man bei Prognosen über die Folgen und Dauer der Krise, sowie bei der Abschätzung der Wirkung von getroffenen Maßnahmen, berücksichtigen muss, dass viele Zusammenhänge des Wirtschaftsgeschehens nicht linear sind, sondern über- oder unterproportional starke Reaktionen zeigen. Was das im Zusammenhang mit der Corona-Krise bedeutet, zeigt sich, wenn man einige konkrete Maßnahmen, wie z.B. die staatlich verordnete Schließung der Einzelhandelsgeschäfte oder die späteren Auflagen für das Betreiben der Geschäfte, etwas genauer betrachtet.

Nehmen wir dafür zunächst einmal an, dass ein Einzelhandelsgeschäft für vier Wochen geschlossen bleiben muss. Das würde rein rechnerisch bedeuten, dass dieser Betrieb ca. 8 % seiner üblichen Jahreseinnahmen verliert, aber auf dem größten Teil seiner monatlichen Kosten sitzen bleibt, da er nur einen Teil dieser Kosten kurzfristig reduzieren kann. Ein sicher schmerzlicher Verlust. Aber ein Verlust, den ein gesundes Unternehmen eigentlich ohne größere Probleme verkraften können müsste. Das schon allein deswegen, weil bei einer so kurzen Schließung des Geschäfts eine gute Chance besteht, dass Stammkunden erhalten bleiben und zumindest ein Teil des entgangenen Umsatzes nach der Wiedereröffnung erzielt werden kann.

Das ändert sich aber, wenn die Zeit der Schließung länger wird oder wenn der Phase der vollkommenen Schließung eine Phase der einkaufshemmenden Restriktionen folgt. Dann steigt mit jedem weiteren Tag, an dem das Geschäft geschlossen bleiben muss oder an dem die Restriktionen bestehen bleiben, die Wahrscheinlichkeit, dass sich Teile der Ware in diesem Jahr gar nicht mehr oder nur noch mit erheblichen Rabatten absetzen lassen. Und das betrifft nicht nur Bekleidung, deren Absatz naturgemäß von der Mode und der Jahreszeit abhängt, sondern auch andere Produkte, wie Gartenmöbel, Reiseführer, Autos oder Musikträger. Auch diese Waren haben ihre Saison oder ihr Verfallsdatum. Dazu kommt, dass mit der Zeit der Schließung auch die Wahrscheinlichkeit steigt, dass sich Kunden umorientieren und wegen den geschlossenen Läden langsam aber sicher ihre Präferenzen ändern oder sich daran gewöhnen, auf den Online Handel auszuweichen und diese Gewohnheit zumindest teilweise nach der Wiedereröffnung der Ladengeschäfte beibehalten. Auch diese Effekte treten immer stärker in den Vordergrund je länger die Zeiten der Schließung oder der Restriktionen anhalten.

Dadurch steigt der Verlust, den so ein Unternehmen hinnehmen muss, mit zunehmender Zeit der Schließung oder der Restriktionen nicht linear, sondern überproportional. Eine Verdopplung der Zeitdauer eines Shutdowns oder von konsumhemmenden Restriktionen führt in der Realität für die meisten Geschäfte eben nicht nur zu einer Verdopplung des Verdienstausfalls, sondern zu einem viel stärkeren Anstieg der Verluste.

Ganz allgemein ausgedrückt heißt das, dass der Schaden, der durch die Schließungen von Geschäften oder durch einkaufserschwerende Restriktionen entsteht, nicht linear zur Dauer der Schließung oder der Restriktionen wächst, sondern überproportional mit der Zeit zunimmt. In der Realität folgt daraus, dass ab einer gewissen Dauer eines Shutdowns oder des Aufrechterhaltens von Restriktionen die Zahl der Insolvenzen stark ansteigen wird. Im Extremfall können dann einige Tage der Ausdehnung von Maßnahmen für manche Firmen schon zur Überschreitung der Schwelle zum Konkurs führen.

Konkret bedeutet dies, dass jeder Tag, an dem die Abstandsregelungen oder die Erfassung persönlicher Daten in Restaurants, die Maskenpflicht in Geschäften oder die Auflage, selbst für kleinste Einkäufe einen Einkaufswagen zu benutzen, aufrechterhalten werden, die Umsatzeinbußen und damit die Schäden oder die Wahrscheinlichkeit von Insolvenzen überproportional ansteigen lässt.

Dieser Tatsache muss sich jeder bewusst sein, der in einer solchen Krise über die Dauer von verhängten Maßnahmen entscheiden muss. Denn so notwendig solche Maßnahmen auch sind oder waren, sie richten jeden Tag, an dem sie länger aufrecht erhalten werden, überproportional steigende Schäden in der Wirtschaft an.

Bei zukünftigen Krisen oder bei einer eventuellen zweiten Welle sollte man sich dieser Tatsache bewusst sein und mit Shutdowns und anderen Restriktionen entsprechend behutsam umgehen und smartere Strategien der Infektionseindämmung entwickeln.

Kipppunkte

Eine andere Form von Nichtlinearitäten sind Kipppunkte, an denen ein System von dem einen in den anderen Zustand verfällt oder anders ausgedrückt umkippt. Meist gibt es dazu Schwellenwerte, deren Überschreitung zu einer plötzlichen und intensiven Veränderung des Systemverhaltens führt. Besonders problematisch ist dabei, dass komplexe Systeme keine Messlatten besitzen, an denen man erkennen kann, wie weit man sich so einem Schwellenwert schon genähert hat. Daher bemerkt man das Überschreiten dieser Werte meistens erst, wenn das System bereits am Kippen ist oder schon gekippt ist. Außerdem sind diese Schwellenwerte in komplexen Systemen keine Konstanten, sondern hängen von vielen anderen Systemparametern ab. Das zusammen macht es praktisch unmöglich vorherzusehen, wann ein solcher Schwellenwert erreicht ist und wann ein System kippt. Sonst könnte man ja auch das Platzen einer Immobilien- oder Aktienblase rechtzeitig erkennen und vor der Katastrophe aussteigen. Erfahrungsgemäß gelingt das aber meistens nicht.

Was man aber in gewisser Weise kann, ist zu erkennen, wie und durch was die Fragilität und Instabilität eines Systems zunimmt und was das

Erreichen eines Kipppunktes wahrscheinlicher macht. Dann könnte man immer noch reagieren und durch geeignete Maßnahmen die Fragilität des Systems reduzieren. Da solche Maßnahmen aber immer Geld oder Mühe kosten und es für das Kippen des Systems bis kurz vor dem Ereignis keine Anzeichen gibt, werden solche Maßnahmen meist unterlassen. In der realen Welt kennen wir den Effekt der Kipppunkte z.B. von den globalen Meeres- und Luftströmen, wie dem El Niño oder dem Jetstream. Strömungen, die einen großen Einfluss auf unser Wetter und Klima haben und unter bestimmten Umständen auftreten oder ihren Strömungsverlauf plötzlich ändern. Was dann wiederum zu plötzlichen Klimaänderungen führt.

Kippunkte gibt es aber auch in vielen anderen komplexen Systemen, wie z.B. in einer Gruppe von Menschen oder einer Gesellschaft. Auch hier kennen wir das Phänomen, dass die Einstellung zu einer bestimmten Sache oder die generelle Stimmung sich nicht langsam und kontinuierlich verändert, sondern plötzlich und ohne Vorankündigung umschlägt oder mit anderen Worten kippt. Im Falle der Corona-Epidemie könnte so ein gesellschaftlicher Kipppunkt erreicht werden, wenn ein ausreichend großer Teil der Bevölkerung die Geduld verliert und die auferlegten Hygienemaßnahmen und Kontaktbeschränkungen nicht mehr akzeptiert.

Auch in Wirtschaftssystemen kennen wir derartige Kipppunkte, wie z.B. der Punkt, an dem eine moderate Inflation in eine galoppierende Inflation umschlägt. Auch das könnte uns im Zusammenhang mit der gegenwärtigen Krise noch beschäftigen, wenn die Verschuldung von Staaten weiter ungebremst zunimmt.

Verzögerte Wirkungen

Ein anderer Effekt, der komplexe Systeme so unkalkulierbar macht, sind zeitliche Verzögerungen zwischen Ereignissen und dem Eintreten von Konsequenzen. Auch dies wird vom Menschen gern ignoriert. Wir sind nämlich nur gut darin, unmittelbare Folgen von Ereignissen wahrzunehmen, aber weniger gut darin, die Zusammenhänge zu erkennen, wenn zwischen Ereignis und Folge ein relativ langer Zeitraum liegt. Oft wiegen wir uns sogar nur deswegen in Sicherheit, weil nach einem Ereignis oder nach einer Maßnahme scheinbar nichts passiert.

Folgen, die mit Verzögerung auftreten, können wir viel schwerer zuordnen oder vorhersehen, als Folgen, die mit einem bestimmten Ereignis im unmittelbaren zeitlichen Zusammenhang stehen. Besonders schwer sind solche Verzögerungseffekte einzukalkulieren, wenn verschiedene Effekte mit unterschiedlichem Zeitverzug auftreten und sich somit gegenseitig ausgleichen oder auch verstärken können. In der Corona-Krise besteht ein solcher verzögerter Effekt z.B. in der Zunahme von Firmeninsolvenzen, die erst deutlich nach dem eigentlichen Shutdown auftreten wird.

Bei oberflächlicher Betrachtung hätte man annehmen können, dass wir die höchsten Zahlen von Unternehmensinsolvenzen während des eigentlichen Shutdowns oder unmittelbar danach gesehen hätten. Also in einer Phase, in der sie ihre wirtschaftliche Tätigkeit über einen bestimmten Zeitraum einstellen mussten und keine Einnahmen erzielt haben. Man hätte andererseits auch davon ausgehen können, dass die Unternehmen, die die harte Zeit des Shutdowns überlebt haben, sich wieder erholen würden und dann in Sicherheit wären.

Die Realität sieht aber anders aus. Während des Shutdowns gab es nur ähnlich viel oder sogar geringfügig weniger Insolvenzen als in den entsprechenden Monaten des Vorjahres. Was darauf zurückzuführen ist, dass die Regeln des Insolvenzrechts in der Krise gelockert, zahlreiche andere Erleichterungen geschaffen und staatliche Zuschüsse, Kredite und Bürgschaften vergeben wurden. Alles Maßnahmen, die es Firmen erlaubten zu überleben, obwohl sie unter normalen Umständen keine Chance gehabt hätten. Dadurch wurden die Folgen des Shutdowns erst einmal gemildert, vielleicht aber auch nur zeitlich nach hinten verschoben. Denn früher oder später holt die Realität auch diese Firmen ein. Wer vor Corona eine zu hohe Fremdkapitalquote oder kein tragfähiges Geschäftsmodell hatte, konnte durch eine Vielzahl staatlicher Hilfen vielleicht den Shutdown überleben, aber irgendwann müssen Kredite zurückbezahlt werden und irgendwann muss jede Firma richtiges Geld verdienen.

Selbst Firmen, die vor dem Shutdown noch relativ gesund waren, können Monate nach dem Shutdown in ernsthafte Schwierigkeiten geraten, weil die zusätzlich aufgenommen Kredite zu hoch waren oder weil durch in der Zeit der Restriktionen einfach über zu lange Zeit zu wenig Geld verdient wurde. Noch vorhandene Liquidität wird dann mit der Zeit aufgebraucht, bis es schließlich doch zum Konkurs kommt. Die Folgen des eigentlichen Shutdowns treten dann mit Verzögerung ein.

Ein anderes Beispiel für eine verzögerte Wirkung im Wirtschaftssystem zeigt sich gerade in der Flugzeugindustrie. Während bei den Fluggesellschaften die Wirkungen des Shutdowns sofort und ohne Verzögerungen auftraten, als von einem Tag auf den anderen beinahe alle Flüge gecancelt wurden, dauerte es einige Zeit bis das auch auf die Flugzeugbauer durchschlug. Mittlerweile ist die Krise aber auch hier angekommen und äußert sich vor allem in den geplanten Reduzierungen der Belegschaft. Was sich dann in Folge mit einer weiteren Verzögerung auf die Zulieferer der großen Flugzeughersteller auswirken wird. Auch hier wird es noch zu Verzögerungen durch das Instrument der Kurzarbeit kommen, mit der sich die vorhandene Auftragsflaute eine Zeit lang kaschieren lässt. Aber irgendwann läuft auch dieses Instrument aus. Wenn bis dahin die wirtschaftlichen Aktivitäten nicht wieder das Vorkrisenniveau erreicht haben, werden die Spätschäden der Krise spätestens dann erkennbar. Dabei sollte man aber immer im Hinterkopf behalten, dass die Wirkungen eines wieder einsetzenden starken Flugverkehrs auch erst mit Verzögerung bei den Flugzeugherstellern ankommen werden. Neue Flugzeuge kauft man erst wieder, wenn die Ertragslage gesichert ist und eine ausreichende finanzielle Basis geschaffen wurde. Was im Extremfall die Auswirkungen der Krise insgesamt in bestimmten Geschäftsfeldern um einige Jahre nach hinten verlängern kann. Deshalb werden wir das wahre Ausmaß des Schadens auch noch nicht im Jahre 2020, sondern erst 2021 und zum Teil noch deutlich später sehen. Dann wird sich zeigen, welche Unternehmen stabil genug aufgestellt und flexibel genug waren, um die Corona-Krise zu überleben.

Ob das zu der großen Pleitewelle führt, wie manche Ökonomen vorhersagen, lässt sich seriös nicht prognostizieren. Dazu gibt es zu viele Unbekannte in dieser Gleichung. Vor allem hängt es natürlich davon ab, wann die Konjunktur im In- und Ausland wieder anspringt und wie kräftig dieser Erholungsprozess ausfällt. Es lässt sich aber mit Sicherheit sagen, dass viele Firmen, die im Moment noch von ihren Reserven leben, kurz- und mittelfristig in die einen oder anderen Schwierigkeiten geraten werden. Für einige wird das in die Insolvenz führen, andere werden es mit Gesundschrumpfen und Reduzierung der Belegschaft überstehen. Was ein weiterer verzögerter Effekt wäre, da die echte Arbeitslosigkeit dann erst Monate oder sogar Jahre nach dem Shutdown steigt.

Ein ganz anderer verzögerter Effekt würde sich ergeben, wenn das Worst-Case-Szenario eintritt, die Unternehmenspleiten dramatisch zunehmen und es außerdem zu einer deutlich höheren Arbeitslosigkeit kommt. Dann würden zwangsweise eine ganze Reihe von Privat- und Geschäftskrediten notleidend werden bzw. platzen. Das würde an den Banken nicht spurlos vorübergehen, besonders in der gegenwärtig schlechten Ertragslage in Folge der Niedrigzinspolitik der EZB. Wie sehr die Banken davon wirklich getroffen würden, ist schwer vorhersehbar, da es auch von der Entwicklung im Ausland abhängt und man mit staatlichen Hilfen sicher alles tun wird, um Bankenpleiten zu verhindern. Aber auch ohne Bankenpleiten könnten Schwierigkeiten der Banken zur Freisetzung von Personal und zu einer restriktiveren Kreditvergabe führen und somit auf die Realwirtschaft zurückfallen. Und auch das wieder mit Verzögerung.

Eine weitere Form zeitlich verzögerter Effekte werden wir 2021 bei der Finanzlage der Kommunen sehen. Was 2020 an Einnahmen über die Gewerbesteuer und Gebühren ausfiel, wird sich 2021 und 2022 als Finanzlücken in den Kommunen auswirken. Hinzu kommen für die Kommunen dann auch noch höhere Ausgaben, wie z.B. im Sozialbereich, wenn die Wirtschaftslage sich nicht schnell genug erholt. Dementsprechend schwach werden das Investitionsvolumen und die Nachfrage der Kommunen ausfallen, was wiederum dämpfend auf die Konjunktur wirkt. Daran werden auch die diversen Zuwendungen des Bundes nichts ändern, da sie nicht alle Finanzlöcher auf kommunaler Ebene stopfen können.

Auf jeden Fall werden wir feststellen, dass die Krise nicht nach Aufhebung aller Restriktionen und Auflagen sofort vorbei ist, sondern noch eine ganze Zeit fortbestehen wird und viele Folgen der Krise erst in sechs, zwölf oder vierundzwanzig Monaten sichtbar werden. Dann wird sich entscheiden, ob wir die Corona-Schäden schnell überwunden haben oder ob wir uns mehr seitwärts statt aufwärts bewegen.

Wirkungsgeflechte in komplexen Systemen

Oft verengt sich unser Blick bei der Betrachtung wirtschaftlicher Zusammenhänge auf die unmittelbaren Beziehungen und Kausalitäten, die zwischen einzelnen Ereignissen oder Maßnahmen und deren Folgen bestehen. In der Wirklichkeit hat aber jedes Ereignis und jede Maßnahme nicht nur eine Folge, sondern fast immer mehrere. Wobei wir dazu neigen, uns immer nur auf eine Folge zu konzentrieren, meist die naheliegendste, und dabei die anderen Folgen, die sich aus einer Handlung oder einem Ereignis ergeben, oft aus den Augen verlieren. Dabei sind es oft gerade die Effekte und Folgen, die wir nicht im Auge behalten, die im System die gravierendsten Folgen haben. Häufig an Stellen, an denen wir sie nicht erwartet haben und wo sie nicht erwünscht sind. In der Regel breiten sich die Folgen einer Handlung aber nicht nur sternförmig aus, sondern setzen ganze Ketten von Wirkungen in Gang, bei denen die Wirkung der einen Maßnahme gleichzeitig die Ursache einer anderen Wirkung ist. Dadurch treten unerwartete und oft auch unerwünschte Wirkungen auch noch weit entfernt von der ursprünglichen Ursache auf.

Eine solche Wirkungskette ergab sich z.B. im Shutdown, als viele Geschäfte geschlossen bleiben mussten und gleichzeitig gesetzlich verfügt wurde, dass Mietzahlungen erst einmal ausgesetzt werden konnten. Das linderte gerade für viele kleine Ladenbesitzer zunächst die Not, da sie in der Zeit der erzwungen Schließung die laufenden Kosten verringern konnten und so kurzfristig keine Liquiditätsengpässe eintraten.

Allerdings wurde das Problem der ausbleibenden Umsätze dadurch von den Ladenbesitzern an die Vermieter weitergereicht, die auch laufende Kosten haben und zum Teil auch Zahlungen an die Bank oder an Handwerker zu leisten hatten. Zögern jetzt auch die Vermieter ihre Zahlungen an Handwerker zeitlich hinaus, wird das Problem der fehlenden Umsätze wiederum verschoben. Ein weiteres Mal weitergereicht würde dieses Problem dann, wenn die Handwerker die Zahlungen an ihre Lieferanten hinausschieben. Was wiederum zu neuen Problemen bei den Lieferanten führen würde.

Wie gefährlich so eine Wirkungskette werden kann, hängt unter anderem davon ab, wie lange ein totaler Shutdown aufrecht erhalten wird, wo das schwächste Glied in so einer Kette sitzt und ob es Elemente in der Kette gibt, die dämpfend wirken. Was für die Zukunft zu der Überlegung führt, dass diejenigen, die einen solchen Shutdown anordnen und aufrechterhalten, etwas weiter denken müssen, als nur bis zur Rettung der Geschäftsinhaber durch eine gesetzliche Mietstundung oder ähnliche Maßnahmen. Erst durch das Erkennen und Begreifen der gesamten Wirkungsketten wird deutlich, welche Folgen sich aus bestimmten Maßnahmen ergeben oder was die Konsequenzen bestimmter Entwicklungen sein werden. Gerade bei solchen Ketten reicht es nicht aus, nur die erste Wirkung einer Maßnahme im Blick zu haben. Stattdessen muss man versuchen, das gesamte Wirkungskontinuum zu begreifen und sich mit den Wirkungen der Wirkungen zu beschäftigen. Auch wenn man bei komplexen Systemen nie alle Neben- und Fernwirkungen berücksichtigen kann, ist es doch bei Entscheidungen hilfreich, zumindest zu versuchen, die gravierendsten dieser Folgeerscheinungen zu identifizieren und zu berücksichtigen.

Das andere Muster solcher Wirkungsgefüge kann man erkennen, wenn man nicht die Wirkungen der Wirkungen in einer sequentiellen Kette verfolgt, sondern sich vergegenwärtigt, wie sich die Folgewirkungen sternförmig von der ursprünglichen Maßnahme oder dem ursprünglichen Ereignis her ausdehnen.

So ein Wirkungszusammenhang ergibt sich in der Corona-Krise z.B. aus dem Verbot von Veranstaltungen. Wobei die Maßnahme selbst zunächst nur die Veranstaltungsunternehmen trifft, deren Geschäftsmodell in der Veranstaltung von Konzerten, Hochzeiten oder anderen Events besteht. In Folge dieser Maßnahmen sind es aber viel mehr Menschen und Unternehmen, die davon direkt oder indirekt betroffen sind.

An erster Stelle stehen dabei natürlich die Mitarbeiter und Mitarbeiterinnen solcher Unternehmen, die oft als Soloselbständige oder Aushilfskräfte beschäftigt sind und relativ schnell ihren Job verlieren. Aber darüberhinaus hängen an den Veranstaltungen auch viele Künstler, Zulieferer und Anbieter von Unterstützungsleistungen. Das Spektrum reicht hier vom Caterer über die oft tageweise angeheuerten Ordner bis zum Elektrohandel und vom Vermieter für Säle bis zur Künstleragentur.

Dazu kommen noch diverse andere Dienstleister und Anbieter anderer Leistungen, die durch das Verbot von Veranstaltungen zwar nur indirekt, aber dennoch schmerzlich betroffen sind. Ein Beispiel dafür sind Bekleidungsgeschäfte, die weniger umsetzen, wenn Konzerte ausfallen und Hochzeiten auf wenige Personen begrenzt sind. Allein für Deutschland gibt es Schätzungen, dass mehr als eine Million Menschen direkt oder indirekt an der Veranstaltungsbranche hängen.

Ein weiteres Beispiel für so ein sternförmiges Wirkungsmuster sind die vielfältigen Folgen der Hygiene- und Abstandsregeln, die viele Betriebe und Behörden dazu brachten ihre Mitarbeiter ins Homeoffice zu schicken. Auf den ersten Blick ändert so eine Maßnahme nicht viel am Wirtschaftsgeschehen. Jedenfalls so lange nicht, wie dadurch die Produktivität und Qualität der administrativen Prozesse in den direkt betroffenen Firmen und Behörden aufrecht erhalten werden können. Was allerdings nicht immer gegeben ist, wie die langen Wartezeiten bei Autozulassungen und anderen Verwaltungsvorgängen gezeigt haben.

Aber in vielen Fällen konnten die administrativen Funktionen in Firmen durch die Mitarbeiter im Homeoffice weitestgehend und ohne zu große Effizienzverluste erfüllt werden. Für die jeweilige Firma hat sich dadurch nicht viel geändert, außer, dass man einige Reisekosten gespart hat und bei bestimmten kommunikativen Prozessen gewisse Effizienzverluste hinnehmen musste.

Dies ist aber lediglich eine Betrachtung aus der Sicht der jeweiligen Firma. Im Gesamtsystem wird diese erzwungene Form des Homeoffice an unterschiedlichen Stellen viel mehr und viel weitreichendere Folgen haben, als es auf den ersten Blick erscheint. So wird mit einer Zunahme der Arbeitsform Homeoffice sicher die Nachfrage nach Büroraum in den Innenstädten mit einer gewissen Verzögerung abnehmen. Außerdem wird bei einer Verringerung der Präsenztage am Arbeitsplatz die Nachfrage bei den vielen kleinen Schnellrestaurants und Imbissen rund um die Büroviertel zurückgehen. Selbst die Bekleidungsgeschäfte in den Innenstädten werden es merken, wenn ihre Kunden und Kundinnen in Zukunft mehr Jogging Hosen, als Kostüme und Anzüge tragen. Außerdem fällt auch der Effekt weg, dass man in der Mittagspause einmal schnell nach einem neuen Oberhemd, einer neuen Bluse oder einem Paar Schuhe Ausschau hält. Daneben werden auch Parkhäuser und öffentliche Verkehrsmittel davon betroffen sein, wenn weniger Menschen täglich in die Innenstädte pendeln.

Im Gegensatz zum Beispiel mit den sequentiellen Wirkungsketten kann man bei den letzten beiden Beispielen von einer sternförmigen Ausbreitung von Einzelwirkungen sprechen. Wobei sich aber natürlich jede dieser Einzelwirkungen auch wiederum als Kette fortsetzen kann.

Allerdings sind nicht alle hier aufgeführten Wirkungen als grundsätzlich negativ zu bewerten. Gerade im letzten Beispiel finden wir auch viele Effekte und Wirkungen, die man durchaus positiv sehen kann. Das hängt aber auch stark vom Betrachtungswinkel ab. Der Einzelhandelsverband wird das sicher anders sehen, als der engagierte Umweltschützer.

Trotzdem sollte man auch in Zeiten, in denen keine Krise herrscht, einen Blick dafür entwickeln, wer und was von einem bestimmten Ereignis oder einer bestimmten Maßnahme alles betroffen ist und wie sich Wirkungen im System fortpflanzen. Wenn man sich angewöhnt, bei der Bewertung von Maßnahmen oder Ereignissen immer zu fragen, für was eine offensichtliche Folge wiederum die Ursache sein könnte und welche weiteren Folgen aus einer Handlung noch entstehen, verbessert man seine Fähigkeit, in komplexen Systemen zu agieren, deutlich.

Wenn sich Krisen selbst verstärken

Ein typisches Phänomen, das wir in komplexen Systemen fast immer antreffen, ist das Auftreten von Rückkopplungen. Besonders problematisch sind dabei positive Rückkopplungen oder Selbstverstärkungen, da diese Art der Rückkopplung schnell zu Destabilisierung eines Systems oder zum Kollaps führen kann.

Eines der bekanntesten Beispiele für eine positive Rückkopplung ist der sogenannte Banken Run. Ein Phänomen, das dadurch ausgelöst wird, dass einige Kunden das Vertrauen in ihre Bank verlieren und Angst haben, ihre Einlagen nicht mehr zurückzubekommen. Wenn es dann dazu kommt, dass plötzlich zu viele Kunden versuchen ihr Geld abzuheben, kann es dazu führen, dass die Bank Schwierigkeiten hat, so viel Bargeld in kurzer Zeit bereitzustellen. Dann können einige Kunden ihr Geld nicht oder zumindest nicht gleich abheben. Spricht sich das herum, schwindet das Vertrauen in diese Bank oder sogar in alle Banken noch weiter und auch andere Kunden werden versuchen ihr Geld so schnell wie möglich abzuheben. Was dann aber dazu führt, dass noch mehr Banken Schwierigkeiten damit haben, sofort Bargeld auszuzahlen. Das verstärkt dann wiederum die Verunsicherung der Kunden und es versuchen noch mehr Menschen ihr Geld abzuheben, was wiederum die Probleme der Banken verstärkt usw.

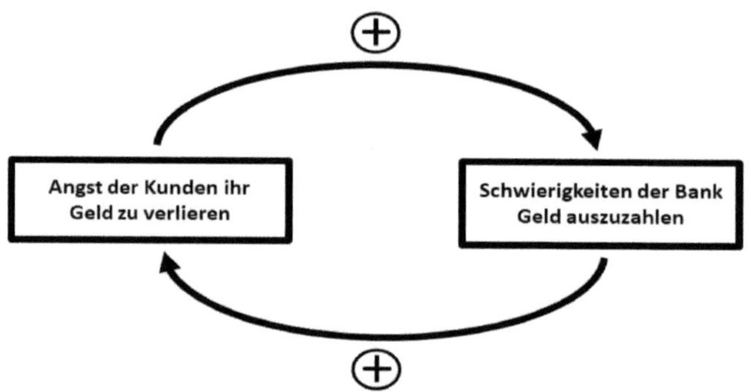

Positive Rückkopplung beim Banken Run

In so einer Abwärtsspirale verstärken sich der Vertrauensverlust der Kunden und die Schwierigkeit der Bank Bargeld sofort auszahlen zu können gegenseitig und schaukeln sich unter Umständen bis zum Systemkollaps auf. Jedenfalls, wenn es nicht irgendwie gelingt, den Regelkreis zu durchbrechen.

Am Beginn der Corona-Epidemie konnte man in der Erscheinung der Hamsterkäufe eine ganz besondere Form der Selbstverstärkung beobachten. Auch diese besondere Ausprägung menschlichen Verhaltens kann man durch den Effekt der positiven Rückkopplung erklären.

Hierbei hat die Wahrnehmung von Lücken im Sortiment eines bestimmten Gutes, wie z.B. Toilettenpapier, die Angst ausgelöst, dass dieser Artikel in ein paar Tagen vielleicht nicht mehr erhältlich ist. Das führte dann zum Kauf einer noch größeren Menge des bereits überdurchschnittlich stark nachgefragten Produkts. Machen das zu viele Menschen, erzeugt genau dieses Verhalten noch größere Lücken in den Regalen, was bei weiteren Menschen die Angst auslöst, leer auszugehen. Folglich kaufen diese Menschen jetzt auch mehr von diesem Artikel und sorgen so für zusätzliche und größere Lücken in den Regalen, was bei weiteren Menschen Angst auslöst und so weiter.

Hier führen Lücken im Regal zu Ängsten, die zu vermehrten Käufen führen, die wiederum die bestehenden Lücken vergrößern. So entsteht ein sich selbstverstärkender Prozess par Excellence. Aber Hamsterkäufe von Nudeln, Fertiggerichten und Toilettenpapier lösen in einer funktionierenden Volkswirtschaft sicher keine Wirtschaftskrise aus. Der „Mechanismus der leeren Regale" ist aber ein psychologisch durchaus interessanter Effekt, auch wenn er nach der Corona-Krise nur noch eine Arabeske am Rand sein wird und mit der eigentlichen Wirtschaftskrise nichts zu tun hat. Aber der Effekt der Hamsterkäufe eignet sich hervorragend, um das Phänomen der Selbstverstärkung oder der positiven Rückkopplung zu verdeutlichen.

Wären solche Hamsterkäufe die einzigen Fälle, in denen während der Corona-Krise positive Rückkopplungen aufgetreten sind, müsste man dies im Zusammenhang mit den wirtschaftlichen Folgen der Corona-Epidemie nicht erwähnen. Dazu war das Ausmaß der Hamsterkäufe viel zu gering, als dass sie zu wirklichen Versorgungsengpässen oder zu schwerwiegenden wirtschaftlichen Folgen hätten führen können.

Positive Rückkopplungen oder selbstverstärkende Effekte spielen aber in vielen wirtschaftlichen Prozessen eine Rolle und können insbesondere bei Krisen ihre negative Wirkung entfalten oder sogar zum Auslöser von Krisen werden. Siehe Banken Run. Im Übrigen kann man auch jede Bildung von Spekulationsblasen, sowie das Platzen dieser Blasen, auf solche selbstverstärkenden Prozesse zurückführen.

Bei der Corona-Krise haben wir es aber weder mit einem Banken Run, noch mit dem Platzen spekulativer Blasen zu tun. Trotzdem spielen auch bei dieser besonderen Krise positive Rückkopplungen eine nicht zu unterschätzende Rolle.

Ein Beispiel dafür ist die Wirkung der Kurzarbeit. Sie führt bei den betroffenen Arbeitnehmern zunächst einmal zu Einkommensverlusten und löst bei vielen Betroffenen Ängste bezüglich der Sicherheit ihres Arbeitsplatzes aus. Beides wirkt sich negativ auf die Fähigkeit und den

Willen dieser Menschen aus, zu konsumieren. Das führt dann zu geringeren Umsätzen im Einzelhandel und in den Dienstleistungsbranchen, was wiederum zu Insolvenzen, Entlassungen oder vermehrter Kurzarbeit führt. Wird dieser positiv rückgekoppelte Zyklus nicht durch ein Konjunkturpaket oder andere nachfragestützende Maßnahmen unterbrochen, kann das schnell in die Krise führen.

1929 ist genau das passiert. Hier haben Regierungen und Zentralbanken zu lange zugesehen, wie sich die Rezession durch positive Rückkopplungen ständig selbst verstärkt hat. Das führte dann schließlich zu einer der schwersten Wirtschaftskrisen in der Geschichte. Daraus hat man allerdings gelernt. Bei der schweren Finanzkrise 2008/2009 hat man schnell genug reagiert und mit verschiedenen wirtschaftspolitischen Maßnahmen, wie Zinssenkungen, Abwrackprämie oder Kurzarbeitergeld, den Teufelskreis der Selbstverstärkung unterbrochen. Dadurch blieben die Folgen der Krise deutlich unter den Folgen, die sich aus der Wirtschaftskrise in den 30er Jahren des letzten Jahrhunderts ergeben haben.

Schon an diesem Beispiel zeigt sich, wie wichtig es ist, schon in einem frühen Stadium einer Krise durch konjunkturpolitische Maßnahmen gegenzusteuern und den sich aufbauenden selbstverstärkenden Prozess zu unterbrechen. In Deutschland ist das bei der gegenwärtigen Krise bisher recht gut gelungen. Zweckmäßige staatliche Hilfsmaßnahmen kamen schnell und so unbürokratisch wie möglich zum Einsatz und verhinderten erst einmal einen drastischen Anstieg von Insolvenzen und Arbeitslosigkeit. Mehr kann man in den ersten Wochen einer Krise nicht verlangen. Allerdings sind auch hier viele Menschen, wie Aushilfskräfte, Kulturschaffende oder Soloselbständige durch die Maschen des konjunkturpolitischen Auffangnetzes gefallen. Außerdem ist der Peak der Arbeitslosigkeit in Deutschland und Europa im Herbst 2020 vermutlich noch nicht erreicht.

Welcher Effekt am Ende überwiegt und wie lange der selbstverstärkende Effekt aus Arbeitslosigkeit und Kurzarbeit auf der einen Seite und nachlassender Binnennachfrage auf der anderen Seite anhält, wird sich erst im Frühjahr 2021 oder noch später zeigen. Vor allem ist es für die Exportnation Deutschland aber auch wichtig, wie sich solche selbstverstärkenden Abwärtsspiralen in den stark getroffenen Krisenländern Spanien oder Italien entwickeln.

Empfindliche Wertschöpfungsketten

In Systemen mit strenger Kausalbeziehung verursachen kleine Störungen immer nur kleine Veränderungen im Output. In einem komplexen System, wie es jede Volkswirtschaft darstellt, muss das nicht so sein. Zwar können auch hier kleine Störungen in den üblichen Schwankungen untergehen. Aber sie können genauso gut große Wirkungen hervorrufen oder sogar zum Systemzusammenbruch führen. Daher nennt man komplexe Systeme auch sensitiv bezüglich der Anfangsbedingungen oder gegenüber kleinen Störungen.

Im globalen Wirtschaftsablauf ist so eine kleine Störung z.B. die geringfügige Unterbrechung einer Lieferkette, die schon gegeben ist, wenn ein einziges Teil seinen Bestimmungsort nicht erreicht. Das kann relativ unproblematisch sein, wenn man das Einzelteil, das die heimische Wirtschaft gerade fehlt, irgendwie anders beschaffen, selbst herstellen oder substituieren kann. Das kann aber auch zur Katastrophe führen, wenn ein ganzes Band stillsteht, nur weil ein hochspezialisiertes Einzelteil gerade in Asien nicht gefertigt oder verschifft werden kann. Im Extremfall nützen 99 % aller Teile eines Autos gar nichts, wenn eine Steuerplatine fehlt, die nicht innerhalb von ein paar Tagen vor Ort nachgebaut werden kann.

Gerade in diesem Bereich hat sich während der Corona-Krise gezeigt, was jeder einigermaßen intelligente Mensch auch schon vorher hätte wissen können, aber vermutlich nicht zur Kenntnis nehmen wollte. Nämlich, dass unsere globalen Wertschöpfungsketten überaus empfindlich und zerbrechlich sind. Oder um mit der Terminologie komplexer Systeme zu sprechen, unsere globalisierte Produktionsweise ist sehr sensibel gegen Störungen.

Die Absicherung dieser Wertschöpfungsketten wird daher eine der Herausforderungen sein, die nach der Krise wieder in Vergessenheit geraten sollte.

Umgang mit komplexen Systemen

Schon diese Beispiele von Eigenschaften komplexer Systeme und von den Effekten, die für komplexe Systeme typisch sind, zeigen, dass man eine Krise, wie wir sie gegenwärtig erleben, nur verstehen kann, wenn man sich vom einfachen, linearen Denken löst und das Krisengeschehen als Ereignis in einem komplexen System betrachtet.

Erst wenn man über die direkten Folgen einer Maßnahme oder eines Ereignisses hinausdenkt und all die verzögerten Effekte, die Wirkungsgeflechte, die Rückkopplungen oder Sensitivitäten mit einbezieht, ergibt sich ein Bild von der wirklichen Dimension der Krise und eine Vorstellung, wie sie sich weiter entwickeln kann. Darüber hinaus verdeutlichen diese verschiedenen Eigenschaften komplexer System auch, warum sich Krisenverläufe, Wachstumseinbrüche und Erholungsphasen nie präzise vorhersagen lassen. Gerade extreme Empfindlichkeiten gegen Störungen, positive Rückkopplungen, nichtlineare Beziehungen oder hohe Vernetzungsgrade von Wirkungen können das Verhalten eines komplexen Systems so schnell und überraschend verändern, dass präzise Prognosen hier seriös nicht möglich sind.

Man kann aber das Wissen um diese Effekte auch nutzen, um das Wirtschaftssystem und die Krise besser zu verstehen und schneller auf Ereignisse reagieren zu können. Insbesondere kann man das Verständnis komplexer Systeme aber auch dazu einsetzen, um rechtzeitig Maßnahmen zu finden, die positive Wirkungen hervorrufen oder negative Effekte abmildern.

Globalisierung

Corona ein Störfaktor in der globalen Wertschöpfung

Wie fragil und anfällig unsere globalen Wertschöpfungsketten wirklich sind, hat uns Corona schmerzlich vor Augen geführt. Dabei hätte es dazu gar keiner Pandemie bedurft. Denn die Stimmen, die auf die Verletzlichkeit des hoch komplexen Netzwerkes aus Warenströmen und Lieferbeziehungen hingewiesen haben, waren auch schon Jahre vor Corona zahlreich und kaum zu überhören.

Allerdings sah man die Gefahren, die zu einer Unterbrechung der Wertschöpfungsketten führen könnten, immer ganz wo anders. Niemand dachte bisher bei dieser Problematik an eine Pandemie, wie z.B. SARS oder Corona. Stattdessen standen in den einschlägigen Szenarien zumeist Kriege, Umstürze, Hackerangriffe, Terroristen oder einfach politischer Protektionismus und Handelssanktionen im Mittelpunkt der Überlegungen. Erst als in China ganze Industrieregionen abgeriegelt und Häfen geschlossen wurden, begann man zu begreifen, welche Wirkung eine Pandemie auf die Lieferketten einer globalen Güterproduktion haben könnte.

Im Gegensatz zu früheren Störungen der Lieferketten, die meist nur ein Land oder einen ganz bestimmten Teil einer solchen Kette getroffen haben, zeigte das Corona Virus, wie sich eine echte Pandemie schnell auf nahezu alle Bereiche von Lieferketten und Warenströmen auswirken konnte. Geschlossene Fabriken, eingestellte Produktionen, unterbrochene Transportwege und Reiseverbote sind nur Beispiele dafür, an welchen Stellen sich die Pandemie überall auf die Wertschöpfungsketten ausgewirkt hat. Erschwerend kam hinzu, dass sich die Pandemie nicht auf einzelne Länder oder eine bestimmte Region eingrenzen ließ, sondern zeitlich gestaffelt beinahe die ganze Welt getroffen hat. Daher nützte es der heimischen Industrie auch nichts, dass Deutschland den größten Teil seiner industriellen Vorprodukte aus Mitgliedsländern der EU bezieht und weniger als 10 % aus China, das von der Pandemie als erstes Land betroffen war. Denn wenn sogar die innereuropäischen Grenzen mehr oder weniger geschlossen waren und viele EU Länder den Shutdown auch auf Produktions- und Logistikbetriebe ausgeweitet haben, ist es ziemlich egal, in welchen Ländern die Standorte der Zulieferer liegen. Daher wird es in solchen Situationen auch nur bedingt helfen, in Zukunft noch mehr auf europäische Lieferanten zu setzen. Ob irgendwelche Maschinenteile nicht aus Norditalien oder nicht aus China geliefert werden, ist im Ergebnis das gleiche. Sie fehlen in der Endmontage.

Dieses Fehlen von Zulieferteilen führte in einer ganzen Reihe von Firmen im ersten und zweiten Quartal 2020 zu diversen Produktionseinschränkungen in der deutschen Industrie. Wie ernst dieses Problem gesehen wurde, zeigte sich unter anderem darin, dass die Bundesregierung auf ministerieller Ebene sogar eine „Kontaktstelle zur Sicherstellung der Lieferketten" eingerichtet hat, die regierungsseitig bei Problemen im grenzüberschreitenden Handel unterstützen sollte.

Allerdings waren die Probleme durch unterbrochene Lieferketten im produzierenden Sektor nicht gleich verteilt. Einzelne Branchen und Firmen waren deutlich stärker betroffen als andere. So waren die Auswirkungen im Bereich der Pharma- und Chemieindustrie insgesamt überschaubar, auch wenn es hier bei einzelnen Medikamenten schon nach kurzer Zeit zu Engpässen kam. Dennoch ist die medizinische Versorgung in Deutschland davon kaum beeinträchtigt worden. Kaum betroffen waren in Deutschland auch die Baubranche und das Handwerk, weil hier die Masse der Wertschöpfung im Inland erfolgt. Deutlich stärker betroffen waren der Maschinenbau und die Automobilindustrie, da diese Branchen durch die Komplexität des Endproduktes auf relativ viele extern produzierte Einzelteile angewiesen sind. Aber auch hier divergierte der Schaden von Unternehmen zu Unternehmen.

Insgesamt war der Gesamtschaden durch die Unterbrechung der Lieferketten nicht so hoch, wie zunächst befürchtet wurde. Die wirklich extremen Formen des Shutdown waren zum Glück bei dieser Pandemie zu kurz, als dass die ergriffenen Maßnahmen zu einem völligen Zusammenbruch der Produktionswirtschaft geführt hätten. Es erwies sich auch als krisendämpfend, dass viele Zulieferer trotz der Philosophie der minimierten Lagerhaltung Bestände an Einzelteilen und Endprodukten für mehrere Wochen auf Lager hatten.

Trotzdem richteten die verschiedenen Formen des Shutdown aber genug Schaden an, um zum Einbruch des deutschen Sozialprodukts merklich beizutragen. Auch deswegen, weil diese Maßnahmen in vielen Ländern zu einem starken Rückgang der Nachfrage nach Importen führten, was Deutschland als extrem exportorientierte Industrienation immer besonders hart trifft.

Stehen wir am Ende der Globalisierung?

Kaum war es allgemein bekannt, dass Lieferketten in Folge der Corona Epidemie unterbrochen wurden und es dadurch zu Lieferengpässen und Produktionsausfällen kam, wurden schon die Stimmen laut, die das Ende der Globalisierung vorhersagten und eine überfällige Renationalisierung der Produktion und des Handels forderten.

Vor dem Hintergrund von erlebten Lieferengpässen und Produktionsausfällen in den frühen Phasen der Corona-Krise mag das auf den ersten Blick einleuchtend erscheinen. Sieht man etwas genauer hin und durchdenkt die Konsequenzen solcher Schritte im Detail, wird schnell deutlich, dass die Sache mit der Globalisierung etwas komplizierter ist und auch eine Renationalisierung von großen Teilen der Wertschöpfungsketten erhebliche Nachteile mit sich bringen würde.

Schließlich war das, was wir heute Globalisierung nennen, kein Ergebnis von willkürlichen Entscheidungen einzelner Politiker oder Manager, sondern das Resultat bestimmter gesellschaftlicher und technischer Entwicklungen. Dadurch sanken die Transportzeiten und -kosten von Waren, Personen und Daten, was eine globale Arbeitsteilung erst ermöglichte. Hinzu kam eine stetige Liberalisierung des Welthandels und des Datenaustausches. Damit waren die Voraussetzungen geschaffen, um dort einzukaufen und zu produzieren, wo Rohstoffe am billigsten und Fertigungskosten am niedrigsten waren. Das in Verbindung mit einer schnellen und leistungsfähigen Datenübertragung ermöglichte es, betriebliche Funktionen, wie Management, Entwicklung, Rohstoffgewinnung, Produktion und Vertrieb, so über die ganze Welt zu verteilen, dass Produkte am kostengünstigsten entwickelt, hergestellt und angeboten werden konnten. Jeder Rückzug aus der Globalisierung und jeder Schritt in die Renationalisierung von Wertschöpfungsketten würde diesen Kostenvorteil verringern.

Trotzdem ist es sehr wohl möglich, Teile der Produktion zurück nach Deutschland zu verlagern, um dadurch die Abhängigkeit von Ereignissen in weit entfernten Ländern zu verringern, aber dieses mehr an Versorgungssicherheit bei den Zulieferteilen hat auch seinen Preis. Jede Verlagerung von Produktionsschritten aus den sogenannten Billiglohnländern nach Deutschland macht das Endprodukt etwas teurer und damit etwas weniger konkurrenzfähig. Das setzt schon von der betriebswirtschaftlichen Seite jeder Überlegung nach einem Rückzug aus der Globalisierung enge Grenzen.

Andererseits nutzen die kostengünstigsten Produktionsbedingungen wenig, wenn die Produktion wegen einer Unterbrechung der Lieferketten gar nicht stattfinden kann. Hier wird es durch die Erfahrungen mit der Pandemie sicher zu Lerneffekten bei den Unternehmen kommen. Das wird auch ohne Zweifel zu Nachjustierungen bei der Positionierung von Produktionsprozessen zwischen den Extremwerten, niedrigster Preis und höchste Versorgungssicherheit führen.

Wie groß dieses Delta der Nachjustierung ausfällt, wird aber von Branche zu Branche, von Betrieb zu Betrieb und von Produkt zu Produkt stark variieren. Gerade die Hersteller in den unteren Preissegmenten werden kaum den Spielraum haben, ihre Kosten zu erhöhen. Folglich werden viele Hersteller auch in Zukunft mit den Risiken der globalen Lieferketten leben müssen. Im Übrigen sind die Überlegungen zur Verkürzungen und Vereinfachung der Lieferketten nicht neu. Schon vor der Corona Epidemie konnte man seit 2008 beobachten, dass die Menge des grenzüberschreitenden Warenverkehrs nicht mehr zunahm, sondern stagnierte.

Die Gründe dafür lagen allerdings in keiner Pandemie, sondern in den allgemein niedrigeren Wachstumsraten der Weltwirtschaft und im zunehmenden Protektionismus einzelner Länder. Vielleicht spielte aber auch bei dieser leichten Verlangsamung der Globalisierung die Erkenntnis eine Rolle, dass stark verzweigte und gedehnte Lieferketten gerade in Kombination mit einer Just-in-time Produktion immer Risiken bergen und dass ein System aus weit entfernten Lieferanten nicht sehr flexibel und reaktionsschnell ist. Hinzu kamen schlechte Erfahrungen mit der fehlenden Rechtssicherheit an manchen Produktionsstandorten.

Eine gewisse Skepsis und Vorsicht gegenüber der Globalisierung existierte also durchaus schon vor der Corona-Krise. Nur war sie nicht sehr verbreitet und nicht zum bestimmenden Trend geworden. Aber auch nach den Erfahrungen mit der Pandemie wird es zu keiner flächendeckenden Entglobalisierung und Renationalisierung der Industrieproduktion kommen. Dazu wären die Nachteile einer solchen Entwicklung und die sich daraus ergebenden Preissteigerungen in den meisten Branchen einfach zu groß. Außerdem gibt es auch andere Möglichkeiten die Risiken bei weit verzweigten Wertschöpfungsketten zu reduzieren. So kann man z.B. in der Großserienfertigung Redundanzen schaffen, indem man bestimmte Schlüsselkomponenten immer von zwei unterschiedlichen Herstellern in unterschiedlichen Regionen bezieht (multi sourcing) oder in dem man das Prinzip der Just-in-time Produktion etwas aufweicht und die Lagerhaltung an Vorprodukten zumindest geringfügig erhöht. Auch die Verwendung von mehr Standardteilen, die sich schnell substituieren lassen, oder der Verbleib der Konstruktionsunterlagen der Zulieferteile beim Endhersteller können in manchen Produktionsprozessen die Versorgungssicherheit deutlich erhöhen. Allerdings fast immer um den Preis einer Zunahme der Kosten.

Es bleibt damit eine unternehmerische Entscheidung, wie viel an Extrakosten man sich leisten kann, ohne dass man die Konkurrenzfähigkeit verliert. Was natürlich auch davon abhängt, wie groß man die Wahrscheinlichkeit einschätzt, dass es in naher Zukunft wieder zu solchen Unterbrechungen der Lieferketten kommt.

Wir werden also in Zukunft auch trotz Corona keine massive Entglobalisierung erleben, sondern eher das Bemühen der Firmen ihre Wertschöpfungsketten intelligenter, flexibler und robuster zu gestalten. Natürlich wird es dabei auch Firmen geben, die von ihrer Preis- und Absatzstruktur in der Lage sind, große Teile ihrer Wertschöpfung zu renationalisieren oder zumindest aus Asien in den europäischen Raum zu verlegen. Aber eine komplette Renationalisierung wird es nicht geben.

Die Zeit nach der Krise
Krisen führen zu Veränderungen

Krisen sind immer auch Zeiten der Veränderung. Solche Veränderungen ergeben sich regelmäßig daraus, dass Strukturen zerstört werden, dass Menschen durch eine Krise Sachverhalte neu bewerten, dass sich in der Krise neue Methoden und Verfahren bewähren oder dass sich unsere Einstellungen und Gewohnheiten durch neue Erfahrungen verändern. Das heißt aber nicht, dass nach jeder Krise automatisch alles besser wird. Viel wahrscheinlicher ist es, dass wir nach einer überstandenen Krise einen Mix von Veränderungen vorfinden werden, die sowohl positiv, als auch negativ zu sehen sind. Sicher ist nur, dass jede Krise zu schnelleren und intensiveren Veränderungen führt, als sich sonst durch den kontinuierlichen Entwicklungsprozess, der in jeder Gesellschaft permanent stattfindet, ergeben hätten.

Viele dieser Veränderungen, wie der Trend zum Homeoffice, werden sich direkt auf die Art und Weise wie wir produzieren und konsumieren auswirken. Andere in erster Linie gesellschaftliche Entwicklungen, wie die Veränderung von Werten oder das Entstehen neuer Gewohnheiten, werden das wirtschaftliche Geschehen nur mittelbar und indirekt betreffen. Aber letztlich werden auch diese Veränderungen Auswirkungen darauf haben, was wir produzieren und wie wir in Zukunft arbeiten und leben werden.

Selbstverständlich wird die Pandemie dabei nicht unser gesamtes Wirtschaftssystem auf den Kopf stellen, so wie wir uns auch nicht komplett aus der Globalisierung zurückziehen werden. Aber es werden sich Einstellungen, Präferenzen und Verhaltensweisen ändern. Das alles hat Auswirkungen auf unser Konsumverhalten, unsere Einstellung zu Arbeit und Karriere, sowie auf unsere persönlichen Prioritäten und Zielsetzungen.

Mit etwas Verzögerung wird sich das dann auch auf die Art, wie wir arbeiten und konsumieren, auswirken, sowie auf die Produkte und Dienstleistungen, die wir nachfragen. Dies wird sich dann in unterschiedlich starker Ausprägung in der gesamten Landschaft aus Märkten, Geschäftsmodellen und Berufsbildern manifestieren. Dabei wird es, wie bei allen großen Veränderungen, sowohl Gewinner, als auch Verlierer geben. Einige dieser Gewinner und Verlierer kristallisieren sich heute bereits heraus, andere werden erst im Verlauf der nächsten Monate und Jahre sichtbar werden. Auf jeden Fall wird es Verschiebungen in den Marktanteilen, Boom-Branchen und abgehängten Industrien geben. In der Gesamtschau ist so eine Zeit während oder nach einer massiven Krise immer eine Zeit der Risiken und Chancen. Sie ist aber auch eine Gelegenheit die Spreu vom Weizen zu trennen, jedenfalls wenn nicht zu viele überkommene Geschäftsmodelle durch falsche oder übertriebene staatliche Hilfen am Leben erhalten werden. Dadurch könnte unsere Wirtschaft wieder schlanker, effektiver und robuster werden.

In so einer Zeit der Veränderungen kann man bedauern, was alles verloren geht oder an Bedeutung verliert. Man kann so eine Zeit aber auch als eine Phase des Aufbruchs und der Chancen verstehen. Denn immer wenn Gewohntes erschüttert, eingerissen oder abgeschafft wird, entsteht Platz für Neues und Raum zum Gestalten. Daraus ergeben sich immer Gelegenheiten für entschlossenes Handeln und für die Realisierung neuer Ideen. Das setzt aber voraus, dass durch den Staat die Chance des Umbruchs genutzt wird, um die mittlerweile immer mehr überhandnehmende Bürokratie einzudämmen und Investitionshindernisse zu beseitigen.

Gewohnheiten

Das menschliche Verhalten besteht zum großen Teil aus Gewohnheiten. Das erleichtert uns in vielen Situationen das Leben, führt aber auch dazu, dass wir Dinge tun, die wenig Sinn machen oder uns sogar schaden. Wie und warum wir manche Gewohnheiten entwickeln, kann dabei ganz unterschiedliche Gründe haben. Oft beginnt es damit, dass wir ein bestimmtes Verhalten als positiv oder angenehm empfinden und es deshalb wiederholen. In vielen Fällen reicht aber bereits die Wiederholung alleine schon aus, dass wir uns bestimmte Verhaltensweisen angewöhnen. Am stabilsten und am schwersten zum abgewöhnen sind aber logischerweise die Gewohnheiten, die mit angenehmen Gefühlen oder mit der Befriedigung von Bedürfnissen verbunden sind, weil wir dabei das bekannte und eingeübte Verhalten auch noch mit einer Belohnung verbinden.

Deshalb ist es auch besonders schwer, sich die Zigarette zum Kaffee oder nach dem Essen abzugewöhnen. Hier wirkt die lang gehegte Gewohnheit mit dem Genusserlebnis direkt zusammen und beide verstärken sich gegenseitig. Versuchen wir diese Zigarette aus unseren Routinen zu eliminieren, verlassen wir nicht nur lang eingelaufene Pfade unseres Verhaltens, sondern verweigern uns gleichzeitig eine gewohnte Belohnung. Dagegen sträubt sich dann unserer innerer Schweinehund besonders hartnäckig.

Ein kleines bisschen lässt sich das mit dem Homeoffice vergleichen. Hat man sich erst einmal daran gewöhnt, den Arbeitstag am Wohnzimmertisch zu beginnen und genießt man dabei auch noch die Bequemlichkeit, sich den Weg zum Arbeitsplatz zu sparen und in legerer Kleidung vor dem Computer zu sitzen, wird es für den einen oder anderen bestimmt schwer werden, diese Gewohnheit wieder abzulegen.

Selbstverständlich gibt es aber auch viele Menschen, die sich nach den Sozialkontakten am Arbeitsplatz zurücksehnen und die Isolation des Homeoffice möglichst schnell hinter sich lassen wollen. Aber es gibt eben auch eine nicht zu kleine Zahl von Menschen, die sich im Homeoffice ganz gut eingerichtet haben und die damit verbundenen Bequemlichkeiten genießen. Hier wird es mit Sicherheit Widerstände geben, wieder ins Präsensoffice zurückzukehren. Aber vielleicht ist das für einen Teil der Mitarbeiter auch gar nicht nötig, weil viele Firmen mittlerweile durchaus interessiert sind, dass zumindest ein Teil der Arbeitsstunden im Homeoffice geleistet wird.

In dieser Frage kann es aber auch schnell zu Konflikten kommen, wenn die Epidemie vorbei ist und wenn Arbeitgeber und Arbeitnehmer unterschiedliche Auffassungen über die Zweckmäßigkeit dieser Arbeitsform haben. Im Durchschnitt wird die Zahl der Homeoffice-Tage aber nach Corona bestimmt höher sein als vor der Epidemie. Weswegen man auch von einem zunehmenden Trend zum Homeoffice sprechen kann.

Das wird nicht ohne Einfluss auf unsere Tagesroutinen, Arbeitsabläufe, aber auch auf unser Freizeitverhalten bleiben. Dass sich dadurch die Haupteinkaufszeiten im Lebensmittelhandel oder die Spitzen im häuslichen Wasserverbrauch verschoben haben, dürfte in diesem Zusammenhang von geringerer Bedeutung sein. Entscheidender sind die Verschiebungen, die sich im Bereich der nachgefragten Produkte und

Dienstleistungen ergeben. Hier werden sich Märkte verändern und ganze Branchen an Bedeutung zulegen oder verlieren.

Schon jetzt sind rund um das Homeoffice einige abgeleitete Trends klar zu erkennen. So haben Untersuchungen bereits gezeigt, dass nicht nur während des Shutdowns, sondern auch in den Homeoffice-Phasen nach den Ausgangs- und Kontaktbeschränkungen mehr gekocht und mehr auf Lieferservices zurückgegriffen wurde, als vorher. Firmen, die sich auf die Lieferung von Lebensmittelpaketen spezialisiert haben, die alle Komponenten einer Mahlzeit einschließlich der Rezepte enthalten, erleben gerade einen Höhenflug. Auch von diesen neuen Gewohnheiten wird einiges in Zukunft erhalten bleiben.

Andere Gewohnheiten, wie z.B. die Tasse Kaffee mit den Kollegen oder die gemeinsame Zigarette vor der Tür, verschwinden aber dafür in den Zeiten des Homeoffice völlig. Kurzfristig kann sich das natürlich für die Produktivität von einzelnen Mitarbeitern sogar positiv auswirken. Langfristig sieht das aber anders aus. Ohne die direkte zwischenmenschliche Kommunikation werden Netzwerke verblassen, keine neuen Netzwerke entstehen, die Kreativität verkümmern und sich langsam das auflösen, was man auf neudeutsch Corporate Identity nennt. Auch jede Form von Teambuilding ist via Video- und Telefonkonferenzen nur schwer realisierbar.

Ein Leben mit großen Anteilen im Homeoffice wird viele Gewohnheiten verändern. Nicht alles davon muss schlecht sein, aber der Lebensstil und die Einbettung der Arbeit in den Tages- und Wochenablauf wird für viele eine andere sein, als in Zeiten der täglichen Präsenz in der Firma. Ein negativer Trend könnte hier darin bestehen, dass sich im Homeoffice Arbeits- und Freizeit noch schwerer voneinander trennen lassen, als dies heute schon der Fall ist.

Gewohnheiten werden sich mit Corona aber nicht nur rund um das Arbeitsleben ändern, sondern auch in unserem Privatleben und in unserer Art zu kommunizieren und zu konsumieren. Wie wir unsere Gewohnheiten als Konsumenten verändert haben und noch ändern, zeigt sich schon in der Art und Weise wie wir einkaufen und uns in Geschäften verhalten. Unter Maske stöbern wir nicht mehr in Buchläden oder schlendern durch Supermärkte oder Einkaufspassagen, sondern wir tätigen gezielte Einkäufe und verlassen den Laden wieder möglichst schnell, wenn wir den geplanten Einkauf erledigt haben. Das tun wir aus unterschiedlichen Gründen. Weil wir uns mit Maske nicht wohlfühlen, weil wir die Kundenobergrenze nicht überstrapazieren wollen oder weil wir vielleicht sogar Angst vor Ansteckung haben. Aber warum auch immer. Wir tun es und wir wiederholen es. Und je länger wir es tun und je öfter wir es wiederholen, desto mehr wird es zur Gewohnheit, die wir auch nach der Epidemie nicht so schnell oder vielleicht sogar nie wieder ablegen.

In wie weit sich derartige Gewohnheiten in der Zeit des Shutdowns und der Restriktionen verändern, neu bilden oder verfestigen, wird einen großen Einfluss auf das zukünftige Verhalten von Verbrauchern haben. Hinzu kommt, dass wir während des Shutdowns zwangsweise erlebt und damit auch gelernt haben, was sich alles online erledigen lässt. Viele haben dabei die Hemmschwelle zum Onlinebanking, zum Online-kauf von Kleidung oder zu anderen Onlinetransaktionen überschritten, was sie jahrelang vorher nicht getan haben. Mancher wird danach nicht wieder darauf verzichten wollen, Dinge von zu Hause aus zu tun, die sich so erledigen lassen. Vor allem, wenn das schneller und effizienter geht als früher. Und ganz besonders, wenn bei vielen Menschen von der langen Phase der Angst und der Verunsicherung eine vorsichtige Grund-stimmung und eine Abneigung gegen Menschenansammlungen übrig geblieben ist.

Interessant wird es in diesem Zusammenhang auch sein, wie sich die Gewohnheit, mehr Filme via Internet zu Hause statt im Kino anzusehen, auf die Zukunft der Mediennutzung auswirken wird. Manche werden nachdem sie sich mit dieser Form des Filmkonsums einige Monate ar-rangiert haben, vielleicht dabei bleiben und nicht wieder zu Kinogän-gern werden. Außer die Kinos schaffen es, mehr zur Erlebniswelt zu werden und so diesen Wettbewerbsvorteil gegenüber dem „Heimkino" stärker herauszuarbeiten.

Auch in Bezug auf unsere Mobilität hat sich unser Verhalten zumindest temporär verändert. Viele haben in den vergangenen Monaten die öf-fentlichen Verkehrsmittel gemieden und stattdessen den eigenen Pkw oder das Fahrrad benutzt. Andere sind einfach zu Fuß gegangen. Auch diese veränderten Gewohnheiten wird ein Teil der Menschen beibehal-ten.

So haben sich während der Zeit des Shutdowns und der Restriktionen viele Gewohnheiten verändert und einige sind auch neu entstanden. Welche der neuen Gewohnheiten wieder aufgegeben und welche bleiben werden, wird die Zukunft zeigen. Aber aus Erfahrung wissen wir, dass ein Teil der Gewohnheiten, die sich erst einmal etabliert haben, immer die Gründe ihrer Entstehung überdauert. Schließlich liegt im Wesen von Gewohnheiten, dass man ihnen oft recht lange treu bleibt. Auch dann, wenn es für die einmal erlernte Gewohnheit eigentlich keinen rational nachvollziehbaren Grund mehr gibt. Wir gewöhnen uns Verhaltensweisen an, weil wir sie wiederholen und wir gewöhnen sie uns umso nachhaltiger an, je öfter wir sie wiederholen. Und das tun wir gerade in vielen Bereichen unseres Lebens. Folglich werden sich neue oder veränderte Gewohnheiten umso mehr verfestigen, je länger die Phase der Angst und der Restriktionen dauert.

Welche der neuen Gewohnheiten Bestand haben werden und welche nicht, lässt sich kaum vorhersagen. Für die effiziente Gestaltung von Arbeitsprozessen und Marketingstrategien wird es aber von erheblicher Bedeutung sein, diesen Prozess zu beobachten, zu verstehen und schnell auf neue Trends und Gewohnheiten zu reagieren.

Einstellungen und Überzeugungen

Nicht so einfach zu beobachten, wie die Veränderungen von Gewohnheiten, sind Veränderungen im Bereich der Einstellungen und Überzeugungen, sowie in den Wertestrukturen. Aber auch hier ist in der Zeit der Pandemie einiges in Bewegung geraten. Während die einen die Zeit des Shutdowns und der folgenden starken Restriktionen als ausgesprochen angenehm und entschleunigend erlebt haben, war diese Phase für andere, die z.B. Homeoffice und Kinder in beengtem Wohnraum in Einklang bringen mussten oder um ihre wirtschaftliche Existenz gebangt haben, ausgesprochen stressgeladen und anstrengend.

Aber ganz gleich wie unterschiedlich die Verhältnisse auch waren, die sich aus den Kontaktverboten und Restriktionen ergeben haben, waren die Eindrücke für die meisten von uns doch sehr eindringlich und in gewisser Weise auch prägend.

Da solche Phasen intensiver Erlebnisse und einschneidender Veränderungen regelmäßig zu neuen Ansichten, Einsichten und Überzeugungen führen, kann man auch jetzt davon ausgehen, dass sich durch die besonderen Umstände, die sich aus der Pandemie und den Gegenmaßnahmen ergeben haben, sich unsere Art zu denken und zu handeln verändern wird. Zumindest teilweise bei allen und grundlegend bei einigen. Allein die Zeit in der verordneten Isolation während des eigentlichen Shutdowns und die damit verbundenen Gefühle und Lebensumstände werden nicht ohne Einfluss auf unsere Einstellungen, Präferenzen und Verhaltensweisen bleiben. Allerdings können die möglichen Reaktionen und Anpassungen ganz unterschiedlich ausfallen. So haben sich viele Menschen ganz gut mit den Maßnahmen des Shutdowns und den Kontaktbeschränkungen arrangiert. Sie haben im Homeoffice gearbeitet, Kontakte elektronisch aufrecht erhalten, zu Hause Sport betrieben und das Mehr an Zeit für Stille und Muße genutzt. Diese Menschen haben vielleicht festgestellt, dass sie manche Konsumartikel gar nicht brauchen, dass Zeit für sich zu haben, bereits einen eigenständigen Wert darstellt, oder dass man auf die eine oder andere oberflächliche Beziehung durchaus verzichten kann. Als Paare oder Familien haben diese Menschen vielleicht erfahren, welchen Wert die Nähe zu wirklich wichtigen Menschen hat oder wie man sich in der Krise gegenseitig helfen kann. Alles Erfahrungen, die einen sich selbst und den geliebten Menschen näher bringen können und eventuell etwas Abstand zu Konsum und oberflächlichen Beziehungen verschaffen.

Wer aber nicht den Luxus hatte, sich während der Isolation ins Homeoffice zurückzuziehen und sich auf sich selbst konzentrieren konnte, hat diese Phase sicher ganz anders erlebt. Zwischen Job, Angst sich in den öffentlichen Verkehrsmitteln zu infizieren und den Schwierigkeiten rund um die Kinderbetreuung konnten viele der Zeit der Pandemie kaum etwas Positives abgewinnen. In diesem Fall wurde die Zeit des Shutdowns eher zu einer Zeit der Belastung und von erfahrenem Stress, als eine Zeit der Besinnung und der Selbstfindung. Worin wohl auch der Grund liegt, warum es in der Zeit der Isolation in vielen Wohnungen auch zu vermehrten Beziehungskrisen und häuslicher Gewalt kam.

Aber auch die Phase nach dem eigentlichen Shutdown, die von diversen Auflagen und Restriktionen gekennzeichnet war und noch ist, wird nicht ohne Einfluss auf unsere Art zu denken und zu fühlen bleiben. Wenn wir z.B. über Monate jedesmal eine Gesichtsmaske aufsetzen, wenn wir ein Geschäft betreten oder in einen Bus einsteigen und wenn wir dann dabei auch noch das Gefühl haben, dass wir jetzt sicherer sind als ohne Maske, dann ist es nur eine Frage der Zeit, bis sich viele von uns ein Leben ohne Maske gar nicht mehr vorstellen können oder bis wir uns unsicher fühlen, wenn wir in einer Menschenmenge keine Maske tragen.

Das gleiche gilt auch für viele andere Hygiene- und Kontaktregeln, die sich in Zeiten der Pandemie etabliert haben. Wer sich erst einmal angewöhnt hat, zu jedem Menschen Abstand zu halten, zehn mal am Tag seine Hände zu desinfizieren und jeder Person zu misstrauen, die keine Maske trägt oder einem zu nahe kommt, wird einige Zeit brauchen, um zu dem Sozialverhalten zurückzukehren, das vor der Epidemie normal war.

Wir haben uns bereits jetzt schon viele Einstellungen angeeignet, die wir nicht so schnell wieder abschütteln werden und die unsere Gesellschaft auch nach der Pandemie, ängstlicher, vorsichtiger und misstrauischer machen werden. Und auch wenn nicht alle Menschen in einer Gesellschaft in gleicher Weise so reagieren, zeigen die hohen Zustimmungswerte für die Beibehaltung oder Verschärfung der Corona-Regeln, die sich auch in Zeiten niedriger Infektionswerte konstant in Umfragen ergeben haben, dass sich die Gesellschaft schon ein kleines bisschen verändert hat. Das wird mit jedem Tag zunehmen, an dem die Restriktionen aufrecht erhalten bleiben und wir uns an diese Regeln gewöhnen. Das wird auch Einfluss darauf haben, wie und was wir konsumieren. Vielleicht nimmt die Lust auf ausgedehnte Shoppingtouren grundsätzlich ab oder es verringert sich die durchschnittliche Verweildauer in Geschäften oder es verschieben sich nur einfach unsere Präferenzen, was die Auswahl von Produkten und Dienstleistungen betrifft.

Die Zeiten von Corona werden sich aber nicht nur auf der Seite der Konsumenten auf das Wirtschaftsgeschehen auswirken. Schon heute sehen wir, wie auch die Angebotsseite davon betroffen ist.

Wer monatelang um sein junges Unternehmen oder seinen Job fürchten muss, wird dabei vielleicht jede Risikobereitschaft verlieren und vielleicht noch Jahre später die wirtschaftliche Sicherheit viel höher schätzen, als gigantische Karrierechancen oder die Möglichkeiten große Gewinne zu erzielen. Sollte sich so eine Einstellung durchsetzen, was wir heute noch nicht abschätzen können, ist dies sicher nicht sehr positiv für unsere wirtschaftliche Dynamik und unsere internationale Konkurrenzfähigkeit. Schließlich sind es gerade diese Tugenden, wie Wagemut, Experimentierfreudigkeit und innerer Antrieb, die Start Ups und neue Projekte hervorbringen und der Wirtschaft neue Impulse geben. Ohne diese Einstellungen hätte es keine Krupps, Vanderbilts, Neckermanns, Albrechts und keinen Bill Gates oder Mark Zuckerberg gegeben. Ohne derartige Personen und deren Projekte hätte unsere Wirtschaft viel weniger Dynamik und wir hätten viel weniger Wohlstand.

Wie weit diese Veränderungen gehen werden, ist im Moment schwer abschätzbar. Dass die Corona-Krise aber zu Veränderungen führen wird, ist unbestritten. Die Frage ist nur, welche Veränderungen bleiben und welche sich mit der Zeit zurückbilden werden.

Für eine ökonomische Betrachtung der gegenwärtigen Krise ist diese Frage von besonderer Relevanz, da gesellschaftliche Parameter, wie Einstellungen, Stimmungslagen oder verbreitete Gewohnheiten einen nicht zu unterschätzenden Einfluss auf das wirtschaftliche Geschehen haben. Sie bestimmen weitestgehend unser Konsumverhalten, unseren Mut bei Investitionen oder auch ganz allgemein die Art und Weise wie wir uns im Wirtschaftsprozess verhalten oder ihn gestalten.

Wie sich derartige Einstellungs- und Verhaltensänderung auf eine wirtschaftliche Erholung nach der Krise auswirken werden, wird in den nächsten Jahren noch viel Gelegenheit zur Forschung bieten. Jedenfalls wenn sich die klassische Ökonomie endlich traut, etwas mehr auf das menschliche Verhalten zu blicken, als auf Funktionen, Modelle und Grafiken.

Alte und neue Trends

Wenn sich Einstellungen und Gewohnheiten ändern, erzeugt das auch neue Moden, Trends und Bewegungen. Einige dieser Trends können wir heute schon gut erkennen. Einige werden uns in Zukunft noch überraschen. Diese neuen Trends frühzeitig zu erkennen, wird aber einen großen Einfluss darauf haben, wer sich auf den Märkten der Zukunft etabliert und durchsetzt.

Von den Trends, die sich heute schon sehr klar herauskristallisieren, sind die meisten allerdings gar nicht so neu, sondern existieren schon seit einigen Jahren in unterschiedlich starken Ausprägungsgraden. Sie wurden durch die Corona-Krise nur verstärkt und beschleunigt. So können wir schon seit einiger Zeit einen gewissen Trend zu mehr Homeoffice beobachten. Dieser bekam durch Corona aber mächtigen Rückenwind. Plötzlich waren Firmen und Behörden, die das Thema Homeoffice bisher nur sehr zögerlich angegangen sind, gezwungen innerhalb kürzester Zeit Techniken und Verfahren zu etablieren, die das Arbeiten von zu Hause aus ermöglichten.

Firmen, die damit bereits vor Corona Erfahrung gesammelt hatten und über entsprechende Hardware verfügten, taten sich dabei deutlich leichter, als Firmen, die mit dem Homeoffice absolutes Neuland betraten. Aber alle haben ihre Erfahrungen gemacht und gelernt, wie man damit umgeht.

Diese Erfahrungen müssen durchaus nicht immer positiv gewesen sein. Während die Arbeitsform des Homeoffice in manchen Firmen sehr gut funktioniert hat, gab es in anderen Branchen und Betrieben erhebliche Probleme in Bezug auf Effizienz und Aufgabenerfüllung. Außerdem sollte man bei aller Euphorie über das Arbeiten von zu Hause auch nicht vergessen, dass es nur einen Teil des Arbeitsmarktes betrifft und sich nur für bestimmte Berufsbilder eignet. Dachdecker, Mitarbeiter im Supermarkt oder Streifenpolizisten werden davon kaum profitieren. Aber auch in anderen Bereichen, die sich während des Shutdowns mit Homeoffice und Videokonferenzen über Wasser gehalten haben, wird sich die Telearbeit nicht uneingeschränkt durchsetzen. Schon beim Kundenberater oder an der Vertriebsfront wird man auf Dauer sicher nicht auf den direkten Kontakt zum Kunden verzichten wollen. In vielen Fällen wird es hier aber zu einer Mischform kommen, bei der es weiter direkten Kundenkontakt gibt, aber ein Teil der administrativen Tätigkeiten zu Hause erledigt wird.

Auf jeden Fall werden wir in den nächsten Jahren viele Varianten dieser Mischformen sehen, in denen das Homeoffice in unterschiedlichster Weise und Intensität in den Arbeitsalltag integriert sein wird. Insgesamt wird das mit Sicherheit zu einem Anwachsen der Stunden oder Tage führen, die wir arbeitend zu Hause verbringen werden, statt jeden Morgen ins Büro zu fahren.

Eng verbunden mit dem Homeoffice ist der Trend, Dienstreisen durch Videokonferenzen zu ersetzen. Auch hierbei wurde aus der Not zunächst einmal eine Tugend gemacht, als Grenzen geschlossen und Flüge gecancelt wurden. Daraus erwuchs dann bei einigen Zeitgenossen die Vorstellung, wir könnten in Zukunft das berufsbedingte Reisen komplett durch die preiswertere und ökologisch wünschenswertere Alternative der Videokonferenz ersetzen. Was bestimmt auch einige Verwalter von Dienstreisebudgets erfreuen würde, da für drei Tage Los Angeles oder New York schnell einmal 5000 € für ein Businessclass Ticket und für das Hotelzimmer anfallen.

Aber auch in diesem Bereich ist nicht davon auszugehen, dass Videokonferenzen Dienstreisen völlig ersetzen werden, da gerade schwierige Verhandlungen oder Teamarbeit vom persönlichen Kontakt profitieren und das Aufbauen von sozialen Kontakten und persönlichen Beziehungen über den Bildschirm nur sehr eingeschränkt möglich ist.

Als die Masse der Einzelhandelsgeschäfte schließen musste, gewann der Handel im Internet logischerweise stark an Bedeutung. Aber auch das ist kein neuer Trend. Der Onlinehandel hatte bereits die Jahre zuvor hohe Zuwachsraten und machte dadurch dem stationären Einzelhandel immer mehr Konkurrenz. Das hat Corona nur verstärkt und beschleunigt. Auch hier wird sich zeigen, dass das reale Einkaufen in physisch existieren Läden einen Genuss an sich darstellt und auf längere Zeit nicht vollständig durch Online Shopping ersetzt werden wird. Aber in der Zeit des Shutdowns und der Restriktionen haben doch viele Menschen ausprobiert und gelernt, was man alles online erledigen kann oder welche Einkaufsmöglichkeiten es hier gibt und werden zumindest teilweise diesen Gewohnheiten treu bleiben.

Auch das bargeldlose Bezahlen und das Internetbanking haben in der Zeit der Restriktionen einen kräftigen Impuls erfahren, von dem sicher auch nach Corona etwas übrig bleibt. Auf die Anzahl der existierenden

Bankfilialen wird das sicher keinen positiven Einfluss haben, da die Banken durch die Niedrigzinspolitik der Europäischen Zentralbank (EZB) gerade ohnehin keine gute Ertragslage haben.

Interessant zu beobachten wird es in den nächsten Jahren auch sein, ob der Trend zum Urlaub im eigenen Land, zu Radtouren und zu diversen Formen des Campings anhält. Aber vermutlich wird es sich mit diesem geänderten Urlaubsverhalten genauso wie mit anderen Trends verhalten. Ein Teil der Menschen wird nach Corona zu den alten Gewohnheiten zurückkehren und ein anderer Teil den neuen Gewohnheiten treu bleiben. Und wenn die Sommer wirklich jedes Jahr wärmer werden, haben vielleicht viele gelernt, dass es auch in Deutschland Seebäder und Strände gibt. Im Moment profitiert die Gastronomie in bestimmten Regionen Deutschlands auf jeden Fall von diesem Trend. Die Frage ist nur, wie stark dieser Trend bleibt und mit welchen innovativen Konzepten die heimische Touristikindustrie auf dieser Trendwelle weiter surfen kann.

Gerade in der irgendwann kommenden wirtschaftlichen Recovery-Phase werden sich aus den hier skizzierten und noch entstehenden weiteren Trends eine Reihe von neuen Geschäftsfeldern ergeben. Dabei wird es aber vermutlich nicht zu den ganz großen Umbrüchen kommen, die einige jetzt prognostizieren. So werden wir uns nicht vollkommen aus der Globalisierung zurückziehen. Wir werden auch nicht alle Verwaltungstätigkeiten ins Homeoffice verlegen und wir werden nicht jede Geschäftsreise durch eine Videokonferenz ersetzen. Aber es werden sich mit Sicherheit die hier beschriebenen Trends verstärken und ausformen. Andere Trends, die sich gerade erst bilden oder an die vielleicht noch keiner denkt, werden hinzukommen. Deswegen werden aber Bürogebäude nicht völlig verschwinden und der Onlinehandel mit Lebensmittel wird auch die Supermärkte nicht komplett ersetzen. Es werden sich nur die Gewichte etwas verlagern und zusätzlich einige neue Varianten des Handels und der Arbeit entstehen. Manche dieser Varianten werden aber gar nicht so neu sein, sondern nur Mischformen bereits existierender Varianten darstellen.

Menschen und Unternehmen werden sich anpassen

Die im letzten Kapitel aufgelisteten Trends sind sicher nur ein kleiner Ausschnitt aus den Veränderungen, die wir in den nächsten Monaten und Jahren sehen werden. Einige dieser Trends haben heute schon Konsequenzen für unser Konsum- und Arbeitsleben, andere werden sich langsamer entwickeln. Aber sie werden in ihrer Gesamtheit auf jeden Fall zu mehr und schnelleren Veränderungen führen, als wir sie ohne Corona sonst in den nächsten Jahren gesehen hätten. Das zwingt alle Akteure des Wirtschaftsgeschehens sich darauf einzustellen und darauf zu reagieren.

Vielleicht wird in zukünftigen Tarifverhandlungen die Anzahl der Stunden im Homeoffice oder die Entschädigung für beruflich genutzten privaten Wohnraum zu einem Verhandlungsgegenstand. Wahrscheinlich muss man mit der stärkeren Verbreitung des Homeoffice auch die Form und die Inhalte von Arbeitsverträgen überdenken. In diesem Zusammenhang wird es auch interessant zu beobachten sein, wie sich ein Trend zum Homeoffice auf die Auswahl und Förderung zukünftiger Führungskräfte auswirkt. Denn es sind andere Typen von Mensch, die sich durch die zuhause erbrachte Leistung empfehlen oder die in Meetings oder bei Präsentationen in den Vordergrund treten.

Sicher wird eine vermehrte Abstützung auf die Arbeitsform Homeoffice aber auch zu einer veränderten Bedürfnisstruktur von Konsumenten führen. So sieht man bereits jetzt schon, dass das Arbeiten von zu Hause aus zu einer geringeren Nachfrage bei Anzügen und Kostümen führt, aber andererseits die Bereitschaft steigt, für die gehobene Jogginghose mehr Geld auszugeben, als zu Zeiten, in denen die Jogginghose wirklich nur zum Sport oder zum Aufräumen des Kellers getragen wurde. Ähnliche Verschiebungen im Markt sieht man auch z.B. in der Abnahme der Bedeutung einfacher Restaurants in den Bürovierteln zu Gunsten aller Arten von Lieferdiensten oder in der Verschiebung weg vom Kino, hin zu komfortablen Streamingdiensten. Denkt man diesen Trend weiter, könnte sich daraus ein kräftiger Impuls für die Entwicklung von immer leistungsfähigeren privaten Endgeräten und realistischeren Computerspielen ergeben.

Eine ähnliche Verschiebung des Konsumortes von außerhalb der eigenen vier Wände zum Home-Konsum hin, zeigt sich im Boom der verschiedenen Lieferanten für Lebensmittel und fertige Gerichte. Dass ein Lieferservice für Essen, wie Delivery Hero, in den Dax aufsteigt, hätte man sich vor einigen Monaten kaum vorstellen können, aber im August 2020 ist genau das passiert. Hier werden Trends zu harten wirtschaftlichen Fakten. Andere Trends werden folgen und sich in Form von neuen Produkten, neuen Dienstleistungen oder anderen Geschäftsmodellen manifestieren. Das heißt zwar nicht, dass alle Restaurants durch Lieferdienste ersetzt werden oder dass der Höhenflug dieser Branche nach Corona unverändert anhält, aber Teile des gegenwärtigen Trends werden auch nach der Pandemie erhalten bleiben.

Im Rahmen dieser Trends werden sicher nicht nur bestehende Firmen Umsatzzuwächse erzielen, sondern auch neue Firmen und eine Reihe neuer Berufsbilder entstehen. Spezialisten für E-Learning, Webinare oder Telecoaching sind hier nur Beispiele. Vorstellbar wären aber auch spezialisierte Berater, die die Hardware im Homeoffice einrichten und betreuen oder mobile Bankberater. Vielleicht wird es in naher Zukunft Veranstalter von Online-Konzerten oder Berater und Guides für virtuelle Reisen geben. Was sich hier alles an neuen Geschäftsmodellen etabliert und als neue Berufsbilder entwickelt, wird unter anderem davon abhängen, wie lange wir noch unter Restriktionen oder Kontaktbeschränkungen leben müssen, wie sehr wir uns an das Leben zu Hause gewöhnt haben und welche Fortschritte die Technik bei der Vermittlung virtueller Erlebnisse macht.

Eine andere Frage stellt sich rund um das Sozialleben und die Formen der zwischenmenschlichen Kommunikation. Zwar sieht man hier gegenwärtig bei vielen Menschen, die scheinbar einen gewaltigen Nachholbedarf auf allen Gebieten des ausgelassenen Feierns und des direkten Kontaktes zu Menschen haben, dass die virtuelle Kommunikation nie den realen Kontakt zu anderen Menschen ersetzen kann, aber anderseits boomten in den Zeiten des Shutdowns auch alle Varianten von digitaler Kontaktpflege, vom Videochat bis zum virtuellen Theater- und Museumsbesuch. Auch davon wird nach Corona etwas übrig bleiben. Wie viel davon langfristig überlebt, wird aber auch stark davon abhängen, welche technischen Lösungen in den nächsten Jahren dafür entwi-

ckelt werden und wie sich der Realitätsgrad dieser Kommunikationsformen verbessert.

Ähnlich sieht es bei den beruflich bedingten Videokonferenzen und
virtuellen Formen des Teamworks aus. Was hier gegenwärtig auf dem
Markt ist, lässt zwar eine eingeschränkte Form der Kommunikation zu,
ist aber bei weitem noch nicht so gut, dass es reale Meetings voll ersetzen könnte. Aber allein schon eine Verbesserung der Technik um 20, 30
oder gar 50 % würde einiges an Dienstreisen überflüssig machen und
somit den Unternehmen viel Geld und Zeit sparen. Eventuell könnte
dies sogar zu einer Renaissance der Globalisierung führen, die durch
Protektionismus und Fragilität der Lieferketten etwas gelitten hat.

Stellen wir uns vor, die Entwicklung der 3D-Drucker schreitet in den
nächsten Jahren so voran, wie sie es bisher getan hat, dann würden
immer mehr Waren nur noch als Datensätze versandt und erst im Ziel-
land physisch produziert werden. Wenn gleichzeitig alle Formen der
virtuellen Kommunikation deutlich besser würden und realitätsnahe
virtuelle Teamarbeit und Meetings ermöglichen, könnten Forschung,
Entwicklung, Produktion und Verwaltung an völlig unterschiedlichen
Orten dieses Planeten lokalisiert sein, ohne dass materielle Teile weltweit transportiert werden oder Personen reisen müssten. Das setzt aber
voraus, dass die Kommunikation zwischen Entwicklern, Konstrukteuren
und Fertigern mit hoher Qualität möglich ist und dem persönlichen Kontakt so nahe wie möglich kommt. Hier hat die Corona-Krise für die Weiterentwicklung der Technologien und Verfahren dieser Kommunikati-
onsmittel mit Sicherheit erhebliche Anstöße gegeben und uns dieser
Form der Globalisierung näher gebracht. Für die Fluggesellschaften, die
Werften und die Reedereien würde das natürlich einen Verlust an Bedeutung und Marktanteilen mit sich bringen, während die Anbieter von
Kommunikationselektronik weitere Marktanteile erobern könnten.

Eine solche Weiterentwicklung der digitalen Kommunikation würde
dafür aber auch viele andere Geschäftsmodelle betreffen oder neue
Geschäftsmodelle ermöglichen. Im Prinzip könnte das eine neue Phase
der Globalisierung einleiten, bei der die globale Verteilung von Organi-
sationsbereichen im Vordergrund steht und nicht der Transport von
Einzelteilen oder Fertigprodukten. Auch im Bereich, der neu geschaffenen Formen der Wissensvermittlung, wie sie Webinare, Online Teaching

oder Online Coaching darstellen, wird die Überlebensfähigkeit dieser Kommunikationsformen stark davon abhängen, wie gut die technischen Lösungen sind, auf die sich diese Varianten der Wissensvermittlung abstützen können. Davon wird es auch abhängen, inwieweit Universitäten nach Corona zu den alten Methoden der Präsenzveranstaltungen zurückkehren wollen und welche neuen Mischungen aus Präsenz- und Distanzlernen sie entwickeln werden.

So wie sich im Bereich der Telekommunikation viele neue Märkte bilden und sich damit auch viele neue Chancen unternehmerischer Tätigkeit ergeben werden, verändern sich auch andere Märkte und bieten ein breites Spektrum an Chancen für verbesserte Produkte, neue Produktlinien, Innovationen im Servicebereich oder für Start Ups. Wer jetzt nicht in Corona-Starre verfällt und die Umbrüche nutzt, um mit neuen Ideen, Produkten und Verfahren sich der Zeit anpasst und die Zukunft voraus denkt, hat heute hervorragende Chancen der Marktführer von Morgen zu werden.

Szenarien
Wie Szenarien geschaffen werden

Komplexe Systeme lassen sich immer nur in einem sehr beschränkten Grad und meist nur sehr kurzzeitig vorhersagen. Deshalb soll hier auch gar nicht versucht werden, zu prognostizieren, wie viel positives oder negatives Wachstum wir 2021 haben werden oder wie lange die Krise dauern wird. Stattdessen soll anhand von möglichen Szenarien dargestellt werden, wie die Krise verlaufen kann, wenn bestimmte Ereignisse eintreten oder Entwicklungen stattfinden. Und auch wenn derartige Szenarien nicht zeigen, wie die Zukunft mit Sicherheit aussehen wird, so beschreiben sie doch das Feld möglicher Zukünfte und zeigen, unter welchen Umständen diese eintreten werden und welchen Einfluss bestimmte Maßnahmen auf das Eintreten einer bestimmten Zukunft haben.

Zur Erstellung solcher Szenarien muss man zunächst festlegen, welche Parameter man bei der Szenariogestaltung berücksichtigen will. Zweckmäßigerweise wählt man dazu die Parameter aus, die einen besonderen Einfluss auf die Entwicklung der näheren ökonomischen Zukunft haben. Im Falle der Ölkrise 1973/1974 hätte man dazu mit Sicherheit den Ölpreis als einen der wichtigsten Parameter ausgewählt und dann auf der Basis unterschiedlicher Ölpreise verschiedene Szenarien entwickelt, die die Reaktion der Wirtschaft auf variierende Ölpreise gezeigt hätten. Der höchste angenommene Ölpreis hätte so vermutlich zum Worst-Case-, der niedrigste zum Best-Case-Szenario geführt. Selbst wenn sich dabei die tatsächliche Entwicklung des Ölpreises nicht vorhersehen lässt, hätte man mit der Szenariotechnik zumindest ein Bild davon bekommen, was bei welchen Ölpreisen wirtschaftlich passieren wird. Dann hätte man als nächsten Schritt darüber nachdenken können, welche Entwicklungen den Ölpreis in die eine oder andere Richtung treiben werden, wie wahrscheinlich diese Entwicklungen sind und wie man sie beeinflussen kann.

In der Corona-Krise ist der Ölpreis logischerweise von geringerer Bedeutung für die nähere Zukunft und daher als Parameter zur Szenariogestaltung nicht geeignet. Stattdessen werden Parameter, wie z.B. eine mögliche zweite Infektionswelle, die Dauer der Restriktionen (Maskenpflicht, Abstandsregeln etc.), der Zeitpunkt, wann ein Impfstoff oder

Heilmittel gefunden wird, oder der Zeitpunkt der Erholung der Exportmärkte den weiteren wirtschaftlichen Verlauf der Krise bestimmen.
Andere Parameter, die in den Szenarien berücksichtigt werden sollten,
sind z.B. der Umfang und die Zeitdauer staatlicher Hilfen oder die allgemeine Stimmungslage bei Konsumenten und Unternehmen.

Diese Liste könnte man natürlich beliebig erweitern, aber dann wird die
Anzahl der möglichen Szenarien unendlich groß, da jede denkbare
Kombination verschiedener Ausprägungen der aufgelisteten Parameter
ein weiteres Szenario ergibt. Deshalb muss man sich auf eine über-
schaubare Zahl an Parametern beschränken und kann auch davon nicht
alle denkbaren Kombinationen ausformulieren. Die Kunst besteht hier
darin, diejenigen Parameter zu wählen, die für die weitere Entwicklung
der Lage besonders relevant sind. Das ist zwar immer etwas willkürlich
und intuitiv, aber letztlich auch eine Frage der Erfahrung und der Bewertung der Parameter.

Für die szenariotechnische Betrachtung der Corona-Krise werden im
Weiteren folgende Parameter verwendet:

- Möglicher Verlauf des Infektionsgeschehens,
- Zeitpunkt, wann ein Impfstoff oder Heilmittel gefunden ist,
- Dauer der Restriktionen (Maskenpflicht, Abstandsregeln etc.),
- Einstellungen und Gewohnheiten der Konsumenten,
- Adaptionsfähigkeit der Wirtschaft,
- wirtschaftliche Erholung der ausländischen Handelspartner,
- zeitliche Ausdehnung der staatlichen Hilfen und
- Entwicklung der Globalisierung.

Jeder dieser Parameter kann in den nächsten Monaten verschiedene
Ausprägungsgrade oder Werte annehmen. Um das ganze Kontinuum
dieser Werte zu erfassen, kann man zunächst den besten und den
schlechtesten Ausprägungsgrad eines Parameters formulieren. Alle
anderen Werte dieses Parameters liegen dann zwischen diesen beiden
Werten.

Für den Parameter „Zeitpunkt eines Impfstoffes gegen Covid-19" wäre
der beste realistische Wert, dass ein wirkungsvoller Impfstoff bis Anfang
2021 gefunden wird und ab Frühjahr 2021 weiträumig zum Einsatz
kommt. Der schlechteste Wert wäre, dass so ein Impfstoff auch in zwei

oder drei Jahren nicht zur Verfügung steht oder vielleicht sogar nie gefunden wird. Siehe HIV. Alle anderen Ausprägungsgrade dieses Parameters liegen zwischen den Extremwerten.

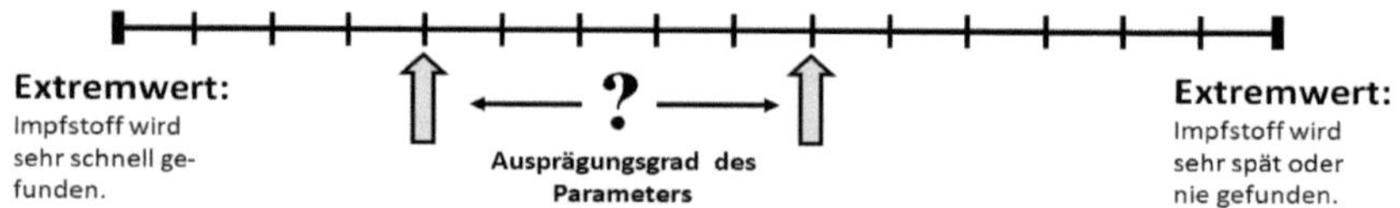

Festlegung des Ausprägungsgrades des Parameters „Verfügbarkeit eines Impfstoffes"

Dies kann man im Folgenden für alle Parameter tun und erhält so eine Kombination möglicher Werte aller Parameter. Verbal ausformuliert ergibt jede dieser Kombinationen von Ausprägungsgraden der ausgewählten Parameter ein mögliches Szenario.

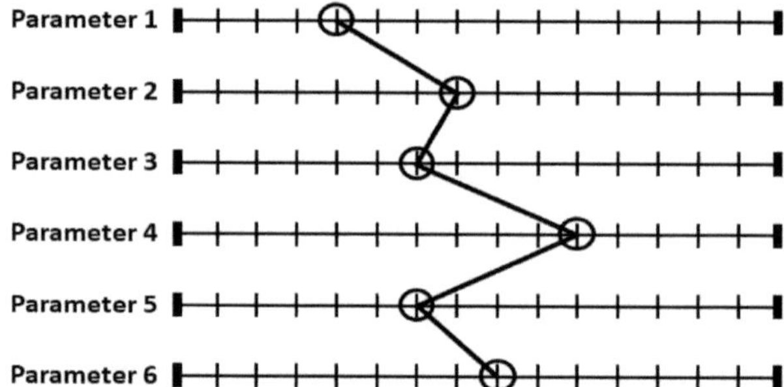

Muster der Ausprägungsgrade aller Parameter, die ein Szenario ergeben

Theoretisch könnte man so jede denkbare Kombination von Ausprägungsgraden bilden und würde dadurch eine beinahe unendliche Zahl unterschiedlicher Szenarien erhalten. Was aber nicht sehr erstrebenswert wäre, weil man diese Fülle an Szenarien nicht handhaben kann und auch viele so erzeugte Szenarien sehr ähnlich wären. Deshalb wählt man oft zunächst eine Kombination aus sehr negativen, als auch eine weitere aus sehr positiven Ausprägungsgraden. Man erhält dadurch ein Worst-Case-und ein Best-Case-Szenario. Als nächsten Schritt kann man eine oder einige Kombinationen aus dem mittleren Bereich bilden und so ein oder zwei moderate Szenarien erzeugen. Das reicht in der Regel aus, um die prinzipiellen Wirkungen bestimmter Entwicklungen und Ereignisse zu erkennen.

Wenn möglich, wird man dabei versuchen die Wahrscheinlichkeit zu ermitteln oder wenigstens zu schätzen, mit der bestimmte Ausprägungsgrade eintreten werden oder die Ereignisse und Maßnahmen zu identifizieren, die zu bestimmten Ausprägungsgraden eines Parameters führen. Durch dieses Aufbrechen der Szenarien in Parameter und Ausprägungsgrade sind die oft sehr komplexen Gesamtszenarien leichter handhabbar und im Verhalten transparenter.

Ähnlich wie bei der Wahl der Parameter kommt es auch bei der Festsetzung der Ausprägungsgrade darauf an, diese nicht willkürlich, sondern so zu wählen, dass sie realistische Entwicklungen abbilden und zu Szenarien führen, die dabei helfen, Handlungsmöglichkeiten zu identifizieren.

Worst-Case-Szenario

Ein ökonomisches Worst-Case-Szenario ergibt sich vor allem dann, wenn man einerseits davon ausgeht, dass die Infektionszahlen, eventuell kombiniert mit den im Winter auftretenden Grippeinfektionen, wieder stark zunehmen und andererseits in den nächsten Jahren weder ein Impfstoff noch ein wirksames Heilmittel gefunden wird. Es wird in diesem Szenario angenommen, dass keine natürliche Abschwächung bzw. ein natürliches Abklingen des Infektionsgeschehens eintritt und dass die Bevölkerung und die Politik nicht so weit gehen wollen, ein stärkeres Infektionsgeschehen in Kauf zu nehmen, um die Wirtschaft zu stabilisieren.

In diesem Fall ist davon auszugehen, dass wir noch Jahre mit den verschiedenen, eventuell verschärften Restriktionen, Kontaktbeschränkungen und Abstandsregeln leben müssen und die Konsumneigung dementsprechend niedrig bleibt. Die allgemeine Atmosphäre der Angst und

Unsicherheit breitet sich weiter aus, stabilisiert sich und lähmt das Wirtschaftsgeschehen. Alle Formen von Veranstaltungen und alle Reisetätigkeiten wären in dieser Lage stark eingeschränkt und der ökonomische Druck auf die betroffenen Branchen entsprechend hoch. Spätestens im Sommer 2021 wird in diesem Szenario die Zahl der Insolvenzen und die Arbeitslosenquote stark ansteigen und dauerhaft hoch bleiben. Die damit verbundenen Kreditausfälle werden das Bankensystem in ernsthafte Schwierigkeiten bringen und staatliche Bankenrettungen zumindest in den Krisenländern erforderlich machen. Das führt dann zu einer weiteren Erhöhung der Staatsverschuldung in diesen Ländern und zu der Notwendigkeit zusätzlicher europäischer Rettungsprogramme, was auch die deutschen Verbindlichkeiten erhöhen würde. Aber auch in Deutschland ist im Worst-Case-Szenario nicht völlig auszuschließen, dass die eine oder andere Bank staatliche Hilfen benötigt.

Das jahrelange Leben unter ständigen gesellschaftlichen und sozialen Einschränkungen würde in diesem Zukunftskonstrukt zu einer permanenten und tiefgreifenden Veränderung der Gesellschaft führen, das auch in einer Zeit nach der Pandemie eine Rückkehr zum Vor-Corona-Zustand schwierig macht. Die Herausbildung einer Angst- und Risikogesellschaft könnte hier genauso eintreten, wie eine gesellschaftliche Spaltung zwischen der Gruppe der „Vorsichtigen" und der Gruppe der „Coronamüden". Das könnte politisch gesehen zu einem Zulauf zu populistischen Gruppen aller Couleur und im Extremfall auch zu einer Krise unserer Demokratie führen.

Da die Wirtschaft in diesem Szenario auch in den nächsten Jahren nicht anspringt, werden staatliche Stützungsmaßnahmen und Konjunkturprogramme sich noch über die nächsten Jahre erstrecken und zu einer besorgniserregenden Staatsverschuldung führen. Trotz der Gefahren dieser Überschuldung ist in diesem Szenario zu befürchten, dass der Ausstieg aus staatlichen Hilfen, Konjunkturprogrammen und Stützungsmaßnahmen immer schwerer fällt und sich daher unrentable Strukturen und Zombie-Unternehmen lange halten werden. Die Wirtschaft wird so anhaltend und eventuell dauerhaft geschwächt, der Staat zu einem überbordenden Sozialversorgungsmechanismus und zu einer permanenten Subventionsagentur. Die Staatsverschuldung entgleitet in diesem Szenario immer mehr der Kontrolle.

So eine Situation wird für wirtschaftliche Entscheidungsträger kaum Anreize bieten, neue Wege zu gehen, aus der gedämpften Stimmung auszubrechen und zu einer überwiegend lethargischen oder negativen Grundeinstellung in der Wirtschaft führen. Es ist daher davon auszugehen, dass es in diesem Szenario eher zu einer pessimistischen, als zu einer optimistischen Weltsicht in der Wirtschaft kommt. Dementsprechend fallen neue Unternehmensgründungen und Investitionen zumindest mittelfristig mager aus.

Eine große Gefahr bei diesem Szenario besteht auch darin, dass wir uns mit der Zeit an die Corona Bedingungen und Umstände gewöhnen und uns auf einem niedrigeren Niveau der Produktivität und Effizienz einrichten. Der gewohnte Lebensstandard ließe sich dann nur noch auf Pump aufrechterhalten, was wir bisher nur von den südlichen Euroländern kannten und vor einigen Jahren zur Eurokrise geführt hat.

Wenn in den nächsten Jahren kein Impfstoff oder wirksames Heilmittel gefunden wird, betrifft das auch alle anderen internationalen Handelspartner und führt dort zu ähnlich negativen Entwicklungen wie in Deutschland, selbst wenn die Infektionszahlen durchaus unterschiedlich sein können. Unter diesen Umständen wird die Exportwirtschaft, auch wenn es immer wieder Lichtblicke geben wird, doch über einige Jahre oder für immer unter dem Niveau von 2019 bleiben. Hinzu kommt, dass der schon vorhandene Trend zum Protektionismus im Angesicht dieser Entwicklungen noch zunehmen könnte und zur weiteren Verschlechterung der wirtschaftlichen Lage beiträgt.

Die Globalsierung wird in diesem Szenario zwar nicht völlig zurückgedreht werden, was praktisch auch gar nicht möglich ist, aber zunehmender Protektionismus und teilweiser Rückzug auf regionale Produktionsstrukturen wird die Effizienz in manchen Bereichen deutlich senken und die Produkte verteuern. Dies führt in Kombination mit der höheren Arbeitslosigkeit zu einem breiten Verlust an Wohlstand und zu einer Absenkung unseres Lebensstandards. Da das auch wieder zu einer Abnahme der Nachfrage nach Konsumgütern und Dienstleistungen führt, kann sich dies zu einer sich selbst verstärkenden Abwärtsspirale entwickeln. Im Extremfall könnten all diese negativen Einflüsse dazu führen, dass wir einen wirtschaftlichen Kipppunkt erreichen und eine neue akute und sehr heftige Wirtschaftskrise entsteht.

Ein nochmaliger Shutdown wird hier auch beim Worst-Case-Szenario nicht angenommen, da die Hemmschwelle wegen der verheerenden wirtschaftlichen Folgen einer solchen Maßnahme bei allen Politikern relativ hoch ist und weil zunehmend intelligentere Formen der Infektionseindämmung gefunden werden.

Bleibt man bei der Beschreibung des Krisenverlaufs durch Buchstaben, dann entspricht dieses Szenario der Form eines sehr flachen Ws oder sogar eines Ls.

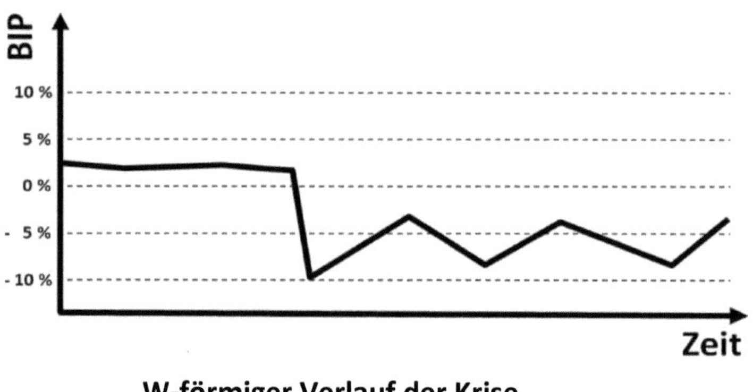

W-förmiger Verlauf der Krise

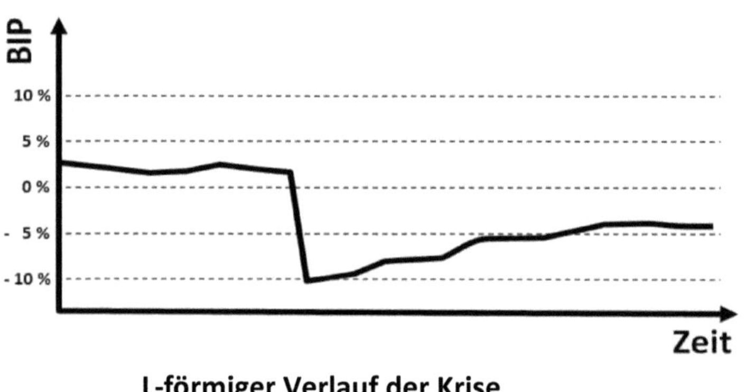

L-förmiger Verlauf der Krise

Also einem Krisenverlauf mit sehr lang anhaltender Rezession, wenn nicht sogar einem dauerhaft niedrigerem Niveau an Produktion und Wohlstand.

Best-Case-Szenario

In diesem Szenario wird davon ausgegangen, dass sich der gegenwärtig (September 2020) beobachtbare Anstieg der Infektionszahlen wieder abflacht, keine zweite Infektionswelle auftritt und dass bis Anfang 2021 entweder ein Impfstoff oder ein Heilmittel gegen den Covid-19-Erreger gefunden ist. Eine breit gefächerte Impfkampagne wäre damit im Frühjahr oder Sommer 2021 möglich. Die Restriktionen werden im günstigsten Fall schrittweise bis zum Sommer 2021 aufgehoben und das Konsumverhalten der Verbraucher normalisiert sich im Laufe des Jahres 2021 und übertrifft die Nachfrage von 2019. Die ängstliche, von Misstrauen und Vorsicht geprägte Grundstimmung weicht langsam einer Atmosphäre der Zuversicht und des Optimismus. Das setzt aber auch mutige Entscheidungen von den Regierung und Behörden voraus, sowie den Willen zur Normalisierung und zum Aufbruch bei Unternehmen und Konsumenten voraus.

Da in diesem Szenario ähnlich positive Entwicklungen auch zumindest bei einem Teil unserer ausländischen Handelspartner stattfinden und die EU-Unterstützungsmittel langsam anfangen zu fließen, zieht Anfang oder Mitte 2021 der Export wieder deutlich an und ein starker Nachholbedarf bei Investitionsgütern führt zu großen Steigerungen des Exportvolumens im Laufe des Jahres 2021. Im Weiteren verläuft die Erholung von der Pandemie weltweit stetig und die Wachstumsraten steigen in allen Bereichen kontinuierlich.

In Folge der aufgehobenen Restriktionen und der allgemein spürbaren Aufbruchsstimmung breitet sich Optimismus, Lebensfreude und Initiative weiter aus. Neue Unternehmen entstehen und alte Unternehmen erfinden sich neu. Digitalisierungskonzepte, grüne Technologien und neue Mobilitätskonzepte entwickeln sich in den nächsten Jahren und Jahrzehnten zu Exportschlagern. Startups im Bereich der Digitalisierung schießen wie Pilze aus dem Boden. Der Umbau der Industrie in Richtung Zukunftstechnologien und Zukunftsmärkte nimmt Fahrt auf.

Die seit Mitte 2020 geschaffenen nationalen Konjunkturprogramme und die etwas später wirksam werdenden europäischen Programme führen zu einem starken Nachfragesog, der die Wirtschaft europaweit belebt und ein starkes Wachstum erzeugt. Im Sommer 2021 sind in Deutschland in diesem Szenario nur noch wenige Menschen in Kurzarbeit, die

Insolvenzzahlen und die Arbeitslosenquote sind nur kurz angestiegen und haben 2021 wieder das Niveau von 2019 erreicht. Die aufgelegten Konjunkturprogramme können in Deutschland bis Mitte 2021 fast vollständig zurückgefahren werden, die Steuereinnahmen steigen wieder und die staatliche Neuverschuldung nähert sich wieder der schwarzen Null. Zumindest in Deutschland kann unter diesen Umständen anvisiert werden, die Staatsverschuldung binnen eines Jahrzehntes auf die maastrichtkonformen 60 % des BSP zurückzuführen.

Auch dieses Best-Case-Szenario hat keinen V-förmigen Verlauf, wie es am Anfang der Krise oft vorhergesagt wurde, aber entspricht wenigstens einem U mit geringer Breite der Talsohle. Wobei aber der Anstieg der Wirtschaftsleistung etwas weniger Steil ausfallen wird, wie der vorherige Einbruch.

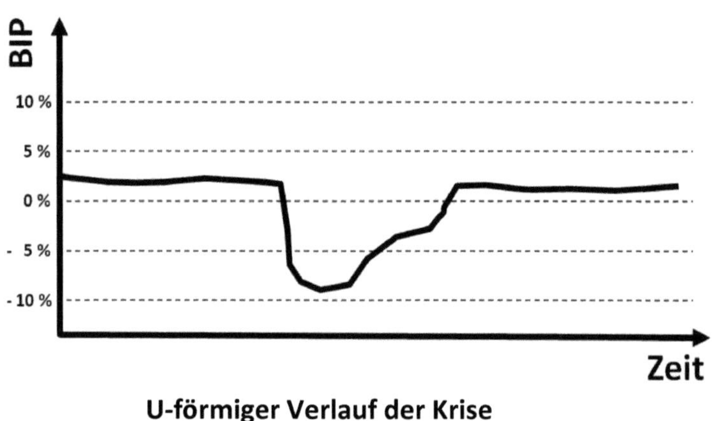

U-förmiger Verlauf der Krise

Moderates (verhalten positives) Szenario

Haben die letzten beiden Szenarien die Extremwerte eines möglichen Krisenverlaufs markiert, ist das dritte Szenario dadurch gekennzeichnet, dass es aus den jeweils plausibelsten und gegenwärtig wahrscheinlichsten Ausprägungsgraden der einzelnen Parameter gebildet wurde. Wie bereits angesprochen, lassen sich solche wahrscheinlichen Ausprägungsgrade nicht mathematisch exakt ermitteln, sondern können nur geschätzt werden. Das ist hier aber hinreichend, da die Szenariomethode ohnehin keine exakten Prognosen liefern soll, sondern lediglich angenommene, mögliche Zukünfte beschreibt und vor allem die Zusammenhänge zwischen verschiedenen Einflussfaktoren sichtbar macht.

Für dieses Szenario wird angenommen, dass die gegenwärtig europaweit steigenden Infektionszahlen vorerst auf diesem Niveau stagnieren oder zunächst weiter leicht steigen, was aber durch gezielte Einzelmaßnahmen beherrschbar bleibt. Daher werden Restriktionen, sowie Kontakt- und Hygieneregeln zwar der Lage angepasst und variiert, können aber bis Ende 2021 noch nicht ganz aufgehoben werden. Bis zum Finden eines Impfstoffes, Gegenmittels oder dem natürlichen Abklingen der Infektionswellen bestehen Restriktionen, die dem jeweiligen Infektionsgeschehen angepasst sind. Wobei es durch das zunehmende Wissen über den Erreger und dessen Ausbreitung immer besser gelingt, Restriktionen so zu designen, dass sie zwar epidemiologisch wirksam, aber für die Wirtschaft weniger schädlich sind. Reisen ist unter diesen Annahmen zwar grundsätzlich möglich, unterliegt aber im gesamten Jahr 2021 noch immer irgendwelchen Auflagen, wie Reisewarnungen, Tests, Quarantäne etc.

Ein Impfstoff, Gegenmittel oder natürliches Abklingen des Infektionsgeschehens wird in diesem Szenario nicht vor Sommer oder Herbst 2021 erwartet. Ein flächendeckender Einsatz des Impfstoffes nicht vor Ende 2021 oder erst Anfang 2022.

Durch die relativ lange Zeit der Angst und Ungewissheit, sowie der Restriktionen und den damit verbundenen Gewöhnungseffekten, wird sich die Konjunktur 2021 nur langsam erholen und Ende 2021 noch nicht das Niveau von 2019 erreicht haben. Das gleiche gilt für die wirtschaftliche Entwicklung der meisten europäischen Nachbarländer und der USA. Wobei die südlichen EU-Länder auch in einigen Jahren noch nicht das Niveau von 2019 erreicht haben werden, wenn Reformen und Strukturanpassungen ähnlich schleppend angegangen werden, wie nach der Finanzkrise 2008/2009. Trotzdem verhindern die europäischen Hilfsmaßnahmen den Zusammenbruch dieser Volkswirtschaften und sorgen für ein Mindestmaß an Nachfrage, was auch dem deutschen Export zu Gute kommt. Wie stark dieser Effekt sein wird, hängt auch davon ab, wie das europäische Geld verwendet wird. Was aber im Moment nur bruchstückhaft erkennbar ist.

Es wird in diesem Szenario zwar zu einer vollkommenen Erholung der Konjunktur kommen und die Wirtschaft wird keine bleibenden Schäden davontragen, aber diese Erholung wird nicht so dynamisch und schnell verlaufen, wie im Best-Case-Szenario und noch lange staatliche Hilfen erfordern. Das Niveau von 2019 wird folglich frühestens 2022 wieder erreicht werden.

Die Kreditausfälle in Folge von Privat- und Unternehmensinsolvenzen werden unter den angenommenen Umständen zwar einige Banken in Schwierigkeiten bringen, aber zumindest in Deutschland keine staatlichen Rettungsmaßnahmen erfordern.

Die Exportwirtschaft wird 2021 unter dem Einfluss einer langsamen Erholung der Weltwirtschaft wieder Fahrt aufnehmen und das deutsche Wachstum stützen. Aber selbst die USA scheinen trotz einer prinzipiell extrem dynamischen Wirtschaft diesmal nicht so schnell auf die Beine zu kommen, wie wir es bisher gewohnt waren. Fraglich ist hier auch, inwieweit die USA den zurzeit sichtbareren Kurs des Protektionismus 2021 fortsetzten wird. Gegenwärtig ist auch nicht klar, welche Langzeitschäden in der amerikanischen Wirtschaft durch die ausgedehnte Schwächephase entstehen werden und wie sich das auf die Wettbewerbsfähigkeit und die Weltmarktstellung des Landes auswirken wird.

Der wirkliche Hoffnungsschimmer für die deutsche Exportwirtschaft bleibt in diesem Szenario China und der asiatische Wirtschaftsraum, wo die Erholung von der Krise zumindest scheinbar etwas schneller vor sich geht. Hier wird der Außenhandel in diesem Szenario auch 2021 weiter anziehen, und schon 2021 das Niveau von 2019 fast oder ganz erreichen. Weltweit wird die Entwicklung des Exportgeschehens dem Handel mit Asien etwas hinterherhinken, sich aber auch 2021 erholen. China wird seine Stellung auf den Weltmärkten weiter ausbauen und auch als Weltmacht an Bedeutung gewinnen.

Staatliche Gelder werden in dieser Situation auch noch 2021 in größerem Umfang fließen und die deutsche Staatsverschuldung weiter nach oben treiben. In 2022 oder 2023 werden die staatlichen Hilfen langsam auslaufen. Die maastrichtkonforme 60 % Obergrenze wird dementsprechend in absehbarer Zeit nicht wieder erreicht werden. Die nationale

Verschuldung wird aber nicht den Level erreichen, der für Deutschland problematisch werden könnte. Aber trotzdem könnte Deutschland durch die zunehmende Verschuldung Einbußen in seiner Bonität hinnehmen müssen. Was bedeutet, dass die Zinsen auch für Deutschland wieder steigen und in Zukunft den Staatshaushalt mehr belasten. Außerdem würde Deutschland dann als Hauptbürge im Eurosystem an Qualität verlieren und dadurch würden die Zinsen der hochverschuldeten Länder ebenfalls anziehen. Was bei der Höhe der Staatsschulden einiger Euroländer nicht ganz ungefährlich ist.

Viel wird für die Zukunft jenseits eines Zweijahreshorizontes aber davon abhängen, ob es in 2021 gelingt, die notwendige wirtschaftliche Dynamik zu entfalten und Deutschland wieder zukunftsorientiert auszurichten.

Bewertung und Folgerungen

Wie bereits mehrfach gesagt, lässt sich eine mathematisch exakte Wahrscheinlichkeit, mit der die skizzierten Szenarien eintreten werden, nicht angeben. Es können aber die einzelnen Ausprägungsgrade der gewählten Parameter auf der Basis existierender Indikatoren oder Erfahrungen bewertet und in einem gewissen Umfang auch bestimmt werden.

So ist ein wesentlicher Faktor des Best-Case-Szenarios das Finden eines Impfstoffes bis Anfang 2021. Das ist zwar grundsätzlich möglich, aber vor dem Hintergrund der bisherigen Erfahrungen und der Dauer der gesamten Testphase nicht besonders wahrscheinlich. So ist z.B. gegen den HIV-Erreger trotz Jahrzehnte langer Forschung immer noch kein Impfstoff gefunden worden.

Dass die Infektionszahlen von selbst abklingen, ist ebenfalls möglich, kann aber gegenwärtig nicht mit hoher Wahrscheinlichkeit angenommen werden, da keine Indikatoren in diese Richtung weisen. Bleibt nur noch eine plötzlich einsetzende allgemeine Aufbruchsstimmung bei Unternehmen und Konsumenten, gepaart mit einer bewusst ins Risiko gehenden schnellen Aufhebung der Restriktionen und Auflagen. Aber auch das ist bei der gegenwärtig vorherrschenden Stimmungslage nicht sehr wahrscheinlich. Zumal eine zu frühe und zu weitgehende Aufhebung der Maßnahmen und Restriktionen auch das Risiko einer rapiden

Zunahme der Infektionszahlen birgt, was wirtschaftlich den größten Schaden erzeugen würde. Somit kann das Best-Case-Szenario zwar nicht völlig ausgeschlossen werden, erscheint aber unter den gegenwärtigen Umständen nicht als das Wahrscheinlichste.

Auch das Worst-Case-Szenario ist grundsätzlich möglich, da niemand garantieren kann, dass in absehbarer Zeit ein Impfstoff oder Heilmittel gegen den Corona-Erreger gefunden wird und im Moment vieles dafür spricht, dass die weit verbreitete ängstliche, vorsichtige und ökonomisch zurückhaltende Grundeinstellung in der Bevölkerung sich mehr und mehr verfestigt. Auch die gegenwärtig steigenden Infektionszahlen bei uns, in den europäischen Nachbarländern und in den USA könnten sich durchaus im Winter zu einer regelrechten zweiten Welle des Infektionsgeschehens ausweiten. Die daraus resultierenden verschärften Restriktionen würden nicht nur die heimische Konjunktur dämpfen, sondern auch ein schnelles Anwachsen des Exportvolumens oder des Tourismus verhindern.

Wie wahrscheinlich ein solches Worst-Case-Szenario ist, lässt sich kaum sagen. Aber wichtiger, als irgendwelche Wahrscheinlichkeiten anzugeben, ist hier die Tatsache, dass alles getan werden muss, um ein Worst-Case-Szenario zu verhindern. Denn bei diesem Szenario besteht die sehr realistische Gefahr, dass so eine Entwicklung die deutsche und europäische Wirtschaft dauerhaft schädigen und zu einem langanhaltenden niedrigeren Wohlstandsniveau führen wird. Denn hat sich die Corona-Mentalität erstmal verfestigt und die Wirtschaft an staatliche Hilfen gewöhnt, wird es extrem schwierig, aus dieser Situation heraus wieder Fahrt aufzunehmen und zu einem florierenden Wirtschaftsgeschehen zurückzukehren.

Deshalb ist es jetzt wichtig, alles zu tun, um diese Szenario zu verhindern. Wichtig ist aber auch, einen Plan B zu entwickeln, falls bis Mitte 2021 kein Impfstoff oder Heilmittel gefunden wird. Andernfalls besteht die Gefahr, dass wir wirklich auf das Worst-Case-Szenario zusteuern. Denn in einem Klima der Restriktionen, Kontaktbeschränkungen und ruinösen Rahmenbedingen für zahlreiche Branchen wird es keine Dynamik des Aufbruchs geben.

Da es gegenwärtig einige Indikatoren oder zumindest Hoffnungsschimmer gibt, dass ein Impfstoff bis Mitte oder Ende 2021 gefunden wird, sich die Behandlungsmethoden der Covid-19 Infektion laufend verbessern und Regierungen mit allen Mitteln versuchen werden, das Worst-Case-Szenario zu vermeiden, erscheint das moderate Szenario momentan als das wahrscheinlichste. Zumindest ist es das, das durch die zu treffenden Maßnahmen angestrebt werden muss. Allerdings kann das moderate Szenario natürlich verschiedene Ausprägungsgrade annehmen, je nach dem, wie stark man die einzelnen Parameter variiert. Entscheidend ist aber nicht welche Variante dieses Szenarios wirklich eintritt, sondern dass man jetzt alles daran setzt, die einzelnen Parameter so zu beeinflussen, dass die reale Zukunft einen möglichst positiven Verlauf nimmt.

Bei der Entwicklung von Impfstoffen werden weltweit gewaltige Anstrengungen unternommen. Dennoch kann man Forschungsergebnisse nicht erzwingen. Zu überlegen wäre aber, ob man in dieser besonderen Situation nicht einige Schritte des Zulassungsprozess verkürzen kann. Dies ist aber in erster Linie eine medizinische und ethische Fragestellung und soll hier nicht weiter erörtert werden.

Maßnahmen zur Erhaltung der wirtschaftlichen Handlungsfähigkeit liegen auch darin, dass man die gegenwärtigen Restriktionen durch smartere Methoden der Infektionseindämmung ersetzt. So besteht z.B. bei der Weiterentwicklung der Verfahren zur Nachverfolgung der Ansteckungsketten noch viel Spielraum für Verbesserungen und auch die endlich verfügbare Tracking App könnte noch deutlich optimiert werden. Andere kreative Lösungen könnten z.B. in der bereits geplanten Einführung von Fieberambulanzen liegen oder im vermehrten Einsatz von Schnelltests und einer besseren Teststrategie insgesamt. Auch Strategien, um Risikogruppen besser zu schützen, bei gleichzeitiger Lockerung anderer Maßnahmen, sollten hier ernsthaft in Betracht gezogen werden.

Jeder technische, medizinische oder organisatorische Ansatz, der geeignet ist, das Infektionsgeschehen einzudämmen und dabei zu keinen oder nur minimalen Einschränkungen des Wirtschaftsgeschehens führt, ist bei dieser Krise ein Stück praktizierte Wirtschaftspolitik. Auch wenn er nicht aus dem klassischen Werkzeugkasten der Konjunkturtheorie stammt.

Auf jeden Fall müssen wir uns in der Bekämpfung der Pandemie mehr einfallen lassen als Kontaktbeschränkungen, Sperrstunden und Beherbergungsverbote. Andernfalls könnte schnell die Gefahr bestehen, dass die bisher große Akzeptanz der Maßnahmen schwindet und einer breiten Ablehnung dieser Maßnahmen weicht. Das würde in einer Demokratie aber schnell dazu führen, dass solche Maßnahmen nicht mehr durchsetzbar sind und wir die Kontrolle über das Infektionsgeschehen verlieren. Was wirtschaftlich gesehen der größte Schaden wäre.

Hilfen vom Staat
Die abgewendete Katastrophe

Selbst die überzeugtesten Anhänger von freien und deregulierten Märkten dürften im Angesicht der gegenwärtigen Krise darin übereinstimmen, dass man in dieser Situation auf staatliche Hilfen nicht hätte verzichten können. Reichlich Diskussionsstoff bietet hingegen die Frage, wie solche Hilfen aussehen sollen, wer sie bekommen soll, welchen Umfang sie haben dürfen und wie sie gegenfinanziert sein müssen.

Versucht man etwas Ordnung in den bunten Strauß von Hilfsprogrammen, Unterstützungsleistungen, Aufbauhilfen, Krediten und Bürgschaften zu bringen, muss man die verschiedenen Phasen der Krise zunächst einzeln betrachten, da jede Phase ihre spezifischen Probleme und Herausforderungen hat, auf die die staatlichen Hilfen zugeschnitten sein müssen. Andernfalls vergeudet man viel Geld und erreicht wenig bei der Bekämpfung der Krisenursachen und bei der Wiederbelebung der Wirtschaft.

Betrachtet man die gegenwärtige Krise aus dem Blickwinkel staatlicher Hilfen, bietet es sich an, zwischen drei aufeinanderfolgenden Phasen zu unterscheiden. Diese sind:

- Die Rettungsphase,
- die Phase der Konjunkturstimulation und
- die Recovery-Phase

In der Rettungsphase, während und kurz nach dem Shutdown, kam es vor allem darauf an, den Zusammenbruch der Wirtschaft, die Auflösung von Strukturen und den unkontrollierten Verlust von Arbeitsplätzen abzuwenden. Dazu mussten durch schnell greifende Maßnahmen Insolvenzen von gesunden Firmen ebenso verhindert werden, wie Massenentlassungen von Arbeitnehmern.

Das ist bei dieser Krise in Deutschland relativ gut gelungen. Obwohl im zweiten Quartal das Sozialprodukt um ca. 10 % eingebrochen ist, hat die Anzahl der Insolvenzen bisher überhaupt nicht und die Arbeitslosenzahl nur geringfügig zugenommen. Zurückzuführen ist das in erster Linie auf ein Bündel von Maßnahmen, die relativ schnell zum Einsatz kamen und einen Absturz der Wirtschaft verhindert haben.

In Deutschland stand im Zentrum dieser Maßnahmen das sogenannte Kurzarbeitergeld, das von den Betrieben bei der Bundesanstalt für Arbeit beantragt werden kann, wenn ein Betrieb seine Arbeitskräfte nicht mehr auslasten kann. In diesem Fall ersetzt der Staat einen Teil der Löhne. Dieser Lohnersatz beträgt bei kinderlosen Beschäftigten 60 Prozent und bei Beschäftigten mit Kindern 67 Prozent des entgangenen Nettolohns. Der Arbeitnehmer behält dadurch den größten Teil seines bisherigen Einkommens und der Arbeitgeber wird bei den Lohnkosten entlastet und kann Kündigungen vermeiden. So bleibt die Kaufkraft in der Volkswirtschaft erhalten und Unternehmen können ihre Arbeitnehmer auch bei geringerer Auslastung weiter beschäftigen und vor allem die Fachkräfte im Unternehmen halten.

In dieser Form gibt es das Kurzarbeitergeld in Deutschland schon seit 1956. Vorläufer davon sogar schon seit 1910. Es hat sich in vielen Krisen, zuletzt in der Finanzkrise 2008/2009, bestens bewährt, um die Wirkung von wirtschaftlichen Schocks abzufedern und den Neustart nach der Krise zu erleichtern und zu beschleunigen. Im Rahmen der Corona Krise wurden für die Beantragung und die Bewilligung des Kurzarbeitergeldes die administrativen Hürden gesenkt und außerdem die Erstattungssätze je nach Bezugszeit bis auf 80% bzw. 87 % des Lohnausfalls erhöht.

Gerade dieses Instrument des Kurzarbeitergeldes ist im Zusammenhang mit den Sofort- oder Übergangshilfen extrem positiv zu bewerten, da es sich hier um ein eingefahrenes Instrument handelt, das verzugslos angewandt werden konnte und ideal geeignet ist, um in der akuten Krise die wirtschaftliche Basis unbeschadet durch die turbulenten Zeiten zu bringen. Darüberhinaus ist es auch ein relativ billiges Instrument. Denn wenn Firmen wegen Auftragsmangel Mitarbeiter freisetzen, muss der Staat diese über das Arbeitslosengeld oder Hartz IV auch temporär alimentieren. Mit dem Kurzarbeitergeld tut er etwas ähnliches, aber eben durch die Betriebe und in den Betrieben. So bleiben Arbeitsplätze und betriebliche Strukturen erhalten, die Unternehmen behalten ihre Fachkräfte und können bei einer Belebung der Konjunktur schnell wieder durchstarten. Kurzarbeitergeld ist daher eine echte Win-Win-Maßnahme, wenn sie schnell, unbürokratisch, wohl dosiert und nicht bis in alle Ewigkeit eingesetzt wird.

Bisher haben die Betriebe in der Spitze für über 10 Millionen Beschäftigte Kurzarbeitergeld beantragt. Bis zu sieben Millionen Arbeitnehmer waren dann auch wirklich zeitweise (Mai 2020) in Kurzarbeit. Gegenwärtig (August 2020) sind es noch knapp fünf Millionen Menschen, die in diesem besonderen Beschäftigungsverhältnis stehen. Deutlich mehr als bei der Finanzkrise 2008/2009, in der die maximale Zahl der Kurzarbeiter bei etwas über einer Million lag. Allein daran wird das Ausmaß der aktuellen Krise sichtbar.

Neben dem schon lange existierendem Instrument der Kurzarbeit, wurden in Deutschland aber auch noch zahlreiche andere Instrumente relativ schnell geschaffen, um während und kurz nach der Shutdown-Phase zu verhindern, dass die Wirtschaft ins Bodenlose fällt und Existenzen vernichtet werden.

Allen voran steht hier der Wirtschaftsstabilisierungsfond, der mit einem Volumen von ca. 600 Milliarden € dazu gedacht war, Unternehmen durch Kredite, Bürgschaften und temporäre Beteiligungen zu unterstützen, deren Ausfall erhebliche Auswirkungen auf die Wirtschaft, die technologische Souveränität, die Versorgungssicherheit, die kritische Infrastrukturen oder den Arbeitsmarkt hätte. Also in der Regel größere Unternehmen. Wobei allerdings auch Startups unter bestimmten Umständen unter dieses Programm fallen.

Begrifflich wurden diese Maßnahmen im „Corona Schutzschild für Deutschland" als der sogenannte Wirtschaftsstabilisierungsfonds zusammengefasst, der in erster Linie dazu diente Unternehmen kurzfristig vor Liquiditätsengpässen und vor der Insolvenz zu bewahren. Zu diesem Fonds kam noch ein 50 Milliarden Soforthilfeprogramm für Freiberufler und Selbständige, erweiterte KfW Kredite und einige andere kleinere Maßnahmen und steuerliche Erleichterungen für Unternehmen. Ergänzend kamen hier auch noch Programme der Bundesländer, die zwar kleiner waren, als die Maßnahmen des Bundes, sich aber über alle Bundesländer doch zu einer erklecklichen Summe addiert haben. Außerdem gab es auch eine Reihe von Einzelmaßnahmen, wie den Einstieg des Staates in die Lufthansa, der einen Zusammenbruch dieses Traditionsunternehmens verhindert hat. Alles in Allem ein nationales Paket, das sich durchaus sehen lassen kann und das sein Ziel, den akuten Zusammenbruch der Wirtschaft zu verhindern, im Wesentlichen erfüllt hat.

Wie viel von dem eingesetzten Geld wirklich verwendet werden muss oder verbraucht wird, ist gegenwärtig schwer abzuschätzen, da dies in starkem Maße davon abhängt, wie schnell die Krise überwunden sein wird und wann die wirtschaftliche Erholung in vollem Umfang wieder einsetzt. Aber auch davon, wie viele der Hilfen in welchem Umfang in Anspruch genommen werden.

In jüngster Vergangenheit und auch noch gegenwärtig wird oft die Summe von ca. einer Billionen Euro genannt, die alle Rettungsmaßnahmen, die im März und April 2020 beschlossen wurden, kosten werden. Das ist zwar rechnerisch richtig, trifft aber dennoch die Wahrheit nicht ganz. Nur ein kleiner Teil dieser Summe wird wirklich als Hilfen ausgereicht, die nicht zurückgezahlt werden müssen. Der deutlich größere Teil sind Kredite, Bürgschaften oder Beteiligungen. Hier muss man erst einmal davon ausgehen, dass Kredite grundsätzlich getilgt, Beteiligungen wieder zurückgekauft und Bürgschaften nicht fällig werden. Aber ob das so ist, weiß vorher niemand. Und es weiß auch niemand, auf wie vielen Bürgschaften und faulen Krediten der deutsche Staat am Schluss sitzen bleiben wird. Außerdem weisen die bereits beschlossenen Haushalte für 2020 und 2021 auch darauf hin, dass die benötigte Summe sicher kleiner ausfallen wird.

Aber unabhängig davon muss der Staat zunächst einmal damit rechnen, dass die Programme ausgenutzt werden und die Mittel verfügbar sein müssen. Da er dieses Geld aber nicht wie Dagobert Duck in einer Art Geldspeicher vorrätig hat, muss er es sich leihen. Das ist aber für den deutschen Staat prinzipiell kein unlösbares Problem, da Deutschland über eine hervorragende Bonität verfügt und mit Sicherheit Käufer für seine Anleihen finden wird. Vermutlich sogar zinslos oder sogar mit negativen Zinsen. Allerdings erhöht sich dadurch die deutsche Staatsverschuldung von gegenwärtig 60 % des BIP auf 80 oder sogar 90 %. Wie viel davon beim deutschen Staat hängenbleibt und wie viel nach der Krise aus der Wirtschaft zurückfließt, wird man sehen.

Aber selbst wenn alle Kredite, die der Staat vergeben hat und noch vergeben wird, platzen sollten und alle Bürgschaften fällig werden, wäre das für den deutschen Staat zunächst noch keine Katastrophe mit existenzgefährdendem Potential. Deutschland hat in den zwölf Jahren seit der letzten großen Finanzkrise schon einmal gezeigt, dass es von einer

Verschuldung von ca. 80 % des BIP wieder auf die maastrichtkonformen 60 % gelangen konnte. Allerdings unter den Umständen einer florierenden Wirtschaft und in einer Situation, in der fast jedes Jahr die realen Steuereinnahmen die vorherigen Schätzungen übertroffen haben.

Die eigentliche Frage ist daher nicht, ob die Hilfsmaßnahmen 100 Millionen mehr oder weniger umfassen, sondern wie lange die Krise dauert, wann die Wirtschaft wieder anspringt und welche Wachstumsraten wir in den nächsten Jahren erreichen werden. Diese Faktoren werden dafür ausschlaggebend sein, welche Folgen diese Krise hat und wie viele Schmerzen sie noch verursachen wird.

Das Konjunkturprogramm nach dem Shutdown

Nach dem starken Einbruch des Sozialprodukts im zweiten Quartal 2020 und der erfolgreichen Abwendung eines wirtschaftlichen Zusammenbruchs, kommt es jetzt Ende 2020 und Anfang 2021 darauf an, die wirtschaftlichen Aktivitäten zu stimulieren und neues Wachstum zu generieren.

Auch dabei wird das Kurzarbeitergeld noch eine wichtige Rolle spielen, um den Unternehmen Beinfreiheit bei Investitionen und Umstrukturierungen zu verschaffen und um die Kaufkraft der Beschäftigten zu erhalten. Hinzu kommen Maßnahmen, wie das Anfang Juni beschlossene Paket zur Belebung der deutschen Wirtschaft. Ein Paket, das unter anderem den Kommunen zu Gute kommen und gleichzeitig auf die zukünftigen Herausforderungen ausgerichtet sein soll. Als Volumen wurden hier nochmals rund 130 Milliarden Euro eingeplant. Das Programm beinhaltet außerdem Zuwendungen für Familien, wie das einmalige Kindergeld von 300 € pro Kind, die Verminderung der Mehrwertsteuer für sechs Monate um drei Prozent oder eine Prämie für den Kauf eines Elektroautos.

Einige Maßnahmen in diesem Paket sind auch durchaus zweckmäßig und ökonomisch sinnvoll, da die Wahrscheinlichkeit hoch ist, dass dieses Geld zu großen Teilen schnell in den Konsum fließt und Nachfrage schafft. Ein Beispiel dafür ist das einmalige Kindergeld, das im September und Oktober 2021 ausgezahlt wurde. Auch die Zuwendungen an die Kommunen sind eindeutig sinnvoll, da sie bei den klammen Kommunen die Nachfrage nach lokalen Dienstleistungen und Beschaffungen erhalten.

Andere Maßnahmen, wie die marginale Mehrwertsteuersenkung oder die Prämie für Elektroautos erscheinen weniger sinnvoll oder zumindest fragwürdig. Denn eine so geringe Absenkung der Mehrwertsteuer würde den Preis für ein Paar Schuhe vielleicht von 85 € auf 83 € reduzieren. Das dürfte aber kaum geeignet sein, um beim normalen Konsumenten einen Kaufimpuls auszulösen. Zumal nicht alle Firmen die temporäre Steuersenkung weiter geben und die Mehrwertsteuersenkung in den vielen Rabattaktionen, die die Firmen zurzeit ohnehin durchführen, untergeht. Außerdem erzeugt die temporäre Umstellung von Mehrwertsteuersätzen auch betrieblichen Aufwand in einer Zeit, in der die Ertragslage vieler Firmen ohnehin nicht besonders gut ist. Der leichte Anstieg der Einzelhandelsumsätze im Sommer 2021 dürfte am wenigsten auf die Mehrwertsteuersenkung, sondern viel mehr auf die Rabattaktionen des Handels und auf die noch verfügbare Kaufkraft aus den nicht ausgeschöpften Urlaubskassen zurückzuführen sein.

Auch die Prämie für Elektroautos wird keine große Wirkung entfalten, da das Angebot an derartigen Fahrzeugen noch gering ist, Einschränkungen bei der Reichweite und Ladeinfrastruktur noch einige Zeit bestehen werden und viele Kunden noch Vorbehalte gegen Elektroautos haben. Außerdem würde eine schnelle Umstellung auf Elektroautos, wenn sie denn möglich wäre, viele Arbeitsplätze bei den Autoherstellern, Werkstädten und Zulieferern vernichten. Was man gerade jetzt nicht brauchen kann.

Hier wäre vielleicht noch einmal eine Abwrack- oder Kaufprämie für alle Kfz wirtschaftlich sinnvoller gewesen, auch wenn sie alte Technologien unterstützt und keine Zukunftstechnologien fördert. Aber in einer Krise muss man erst einmal bestehende Strukturen nutzen und erhalten. Jedenfalls so lange die zukunftsweisenden Lösungen noch nicht wirklich existieren und noch nicht das Volumen haben, um nennenswerte Umsätze zu generieren. Hier hat vermutlich die Ideologie über die Ökonomie triumphiert.

Um die Konjunktur zu beleben und ein sich selbst tragendes Wachstum zu generieren, hätte es auch andere Möglichkeiten gegeben, die vermutlich zur Belebung der Wirtschaft mehr beigetragen hätten, als eine

Elektroautoprämie oder eine drei prozentige Senkung der Mehrwertsteuer für sechs Monate. So wären schnell wirksame staatliche Beschaffungsprogramme mit vereinfachten Ausschreibeverfahren, die Bereitstellung von Risikokapital für Unternehmensgründungen, das Aussetzen der Grunderwerbssteuer oder die steuerliche Förderung von privatem Wohneigentum ein Ansatz gewesen, um schnell wieder Nachfrage zu schaffen. Auch die unbürokratische Umsetzung der Digitalisierung an Schulen oder das entschlossene Vorantreiben des Ausbaus der digitalen Infrastruktur wären in dieser Situation Ansätze gewesen, von der Nachfrageseite her auf die Wirtschaftsdynamik einzuwirken. All dies sind aber nur Beispiele, wie nachfrageorientierte Konjunkturfördermaßnahmen aussehen hätten können. Aber hier hat man bisher zu sehr den Schwerpunkt auf die Stabilisierung der Firmen, statt auf die Belebung der wirtschaftlichen Dynamik gelegt.

Ein anderer Ansatz, um Nachfrage zu generieren und um den Wirtschaftsprozess zu beleben, wäre es gewesen mehr Geld direkt an die Bürger zu verteilen, wie es in sehr bescheidenem Umfang mit dem einmaligen Kindergeld von 300 Euro getan wurde.

Natürlich hätte das alles Geld gekostet und wäre mit den 130 Milliarden des beschlossenen Konjunktur und Zukunftspaketes nicht zu machen gewesen. Aber im Gegensatz zur Zahlung von Kurzarbeitergeld kommt bei den nachfrageorientierten Maßnahmen ein Teil der staatlichen Aufwendungen auch wieder als Steuern zurück und außerdem bezahlt man mit Kurarbeitergeld Untätigkeit und Lethargie, während man mit nachfrageorientierten Maßnahmen die betriebliche Aktivität anregt, den Wettbewerb fördert und private Initiative schafft.

Mit Kurzarbeitergeld und staatlichen Krediten kann man sehr schnell und effektiv externe Schocks dämpfen, Firmen kurzfristig vor der Pleite retten und akute wirtschaftliche Abstürze verhindern. Aber auch nicht mehr. Um die Konjunktur wieder zu beleben, muss man sich schon etwas anderes einfallen lassen, als Bürgschaften, KFW Kredite, Kurzarbeitergeld und die Aussetzung des Insolvenzrechts. Vielmehr muss man in dieser Phase staatliches Geld so einsetzen, dass es wirtschaftliche Prozesse anstößt, Unternehmensgründungen initiiert, Investitionen auslöst und den Konsum fördert. Nur dann springt die Wirtschaft wieder an und es entstehen selbstverstärkende Prozesse, die eine Aufwärtsspirale auslösen können.

Hilfreich ist hier auch ein kluger und abgewogener Umgang mit den coronabedingten Restriktionen, um zur mentalen Normalität zurückzukehren. Vor allem wenn sich zeigt, dass trotz vorhandener Neuinfektionen die Anzahl der schweren Verläufe und die Belegung der Intensivbetten gering bleibt, muss überlegt werden, wie viel Restriktionen und Auflagen man zur Vermeidung weiterer wirtschaftlicher Schäden aufheben kann bzw. muss. Dazu muss jede dieser Maßnahmen ständig überprüft und danach bewertet werden, was sie wirklich zur Pandemiebekämpfung beiträgt und welche wirtschaftlichen Schäden sie anrichtet. Gesundheitspolitik und Wirtschaftspolitik gehen in diesem Fall fließend ineinander über.

Die Recovery Phase

Auch in dieser Phase wird es nicht ohne Konjunkturmaßnahmen und ohne staatliches Geld gehen. Aber der Schwerpunkt der wirtschaftspolitischen Maßnahmen muss sich im Laufe des Jahres 2021 verschieben. Statt auf staatlichen Zuschüssen, Bürgschaften und Subventionen muss der Fokus zunehmend stärker auf der Vermeidung des Worst-Case-Szenarios und auf der Ausrichtung der Wirtschaft auf die Zukunft liegen. In dieser Phase ist es nicht mehr damit getan, Geld großflächig zu verteilen. Schon deswegen nicht, weil sich Unternehmen und Arbeitnehmer zunehmend an diese Versorgungsleistungen gewöhnen und Initiative und Dynamik dadurch gedämpft werden. Je mehr die staatliche Versorgung von Unternehmen und Mitarbeitern zur Selbstverständlichkeit wird, desto mehr wird man sich daran gewöhnen und desto schwieriger wird es werden, wieder Dynamik und Initiative zu entfalten. Wirtschaftspolitik muss in dieser Phase vor allem für Zuversicht sorgen und die Weichen für die Wirtschaft von Morgen stellen.

Statt Geld mit der Gießkanne zu verteilen, muss der Schwerpunkt in dieser Phase auf der Beseitigung von Investitionshindernissen, auf Investitionsanreizen und auf der Aufhebung von Konsumhemmnissen liegen. Vor allem muss im Auge behalten werden, dass in erster Linie Geschäftsmodelle, Branchen und Produkte gefördert werden, die zukunftsorientiert sind und die die Wettbewerbsfähigkeit Deutschlands in den nächsten Jahrzehnten sichern. Auf jeden Fall muss verhindert werden, um jeden Preis jede Branche und jedes Geschäftsmodell am Leben zu halten, wenn diese jetzt oder in naher Zukunft alleine nicht mehr wettbewerbsfähig sein werden. Sonst schafft man eine Museumswirtschaft, die nur in einem Subventionsstaat mit überbordenden Sozialleistungen überleben kann.

Das alles spielte in der Phase des Shutdowns und kurz danach keine Rolle, da es hier erst einmal um die Erhaltung von Arbeitsplätzen und Kaufkraft, sowie um die Verhinderung des ökonomischen Absturzes ging. In der Phase der Wiederbelebung muss aber die zukünftige Wettbewerbsfähigkeit einer Volkswirtschaft immer mehr in den Vordergrund rücken. Andernfalls wird sehr viel Geld im wahrsten Sinne des Wortes verbrannt und eine Zombie Wirtschaft geschaffen, in der unrentable und wenig wettbewerbsfähige Firmen durch billige Kredite und staatliches Geld künstlich am Leben gehalten werden.

Wenn man schon soviel Geld in die Hand nimmt, wie es Deutschland gerade tut, dann darf das nicht nur genutzt werden, um Bestehendes zu erhalten und die Vergangenheit fortzuschreiben, sondern es muss vor allem dazu genutzt werden, um die Zukunft zu gestalten und die Wettbewerbsfähigkeit der deutschen Wirtschaft von Morgen zu sichern. Jetzt ist proaktive, antizipative Industrie- und Wirtschaftspolitik gefragt und nicht Klientelpolitik, bei der diejenigen am meisten bekommen, die die beste Lobby haben oder am lautesten schreien.

Jetzt wäre die Chance endlich die Digitalisierung in Deutschland voranzutreiben und die Firmen zu fördern, die hier zukunftsweisende Projekte im Portfolio haben und Wachstumspotential besitzen. Andere Bereiche, die im Fokus stehen sollten, sind z.B. die Biotechnik, die Robotik, die Nanotechnik, moderne Mobilitätskonzepte und grüne Technologien. Auch wenn diese zukunftsorientierten Maßnahmen erst in ein paar Jahren wirken, müssen sie heute schon initiiert werden, um die Weichen für die Zukunft zu stellen. In der akuten Phase einer Krise wird das oft aus dem Auge verloren und somit wertvolle Zeit im Wettlauf um die Zukunft verloren. Genau, wie sich viele negative Wirkungen erst mit Verzögerung einstellen, brauchen auch die positiven Impulse ihre Zeit, bis sie Früchte tragen. Deshalb muss auch jetzt schon in der Phase der

Konjunkturbelebung die Zukunft ins Auge gefasst und die Maßnahmen der nächsten Phase begonnen werden.

Der Handlungsdruck und das Momentum, das die Krise geschaffen hat, muss jetzt genutzt werden, um bürokratische Hürden in Forschung, in Genehmigungsverfahren und in der allgemeinen Verwaltung abzubauen und die richtigen Anreize zu schaffen, dass Firmen den Weg in die Zukunft einschlagen. Dafür ist das Investitionsbeschleunigungsgesetz, das in Deutschland im August 2020 beschlossen wurde, ein gutes Beispiel. Auch wenn es nur ein zarter Anfang ist und schon wieder verwässert wurde. Aber es weist in die richtige Richtung. Weniger Bürokratie, kürzere Genehmigungsverfahren und weniger Instanzen im Beschwerdeweg könnten hier zu echten Standortvorteilen werden, die Investitionen initiieren und ausländisches Kapital anziehen.

Gegenwärtig besteht aber eher die Gefahr, dass man diese zukunftsorientierten Weichenstellungen etwas aus dem Auge verliert und sich lieber auf das kreditfinanzierte Ausschütten des staatlichen Füllhorns beschränkt. Was z.B. an der Verlängerung des Kurzarbeitergeldes auf bis zu 24 Monate ersichtlich wird. Nun muss man verstehen, dass keine Regierung durch die Beendigung des Kurzarbeitergeldes im Wahljahr 2021 ein Ansteigen der Insolvenzen und der Arbeitslosenzahlen riskieren will, aber eine zu lange Alimentierungspolitik hat auch dezidierte Nachteile und birgt ihre eigenen Gefahren.

Je mehr sich Unternehmen, Arbeitnehmer und Konsumenten daran gewöhnen, dass das staatliche Geld fließt, desto schwieriger wird es diese Geldhähne wieder zu schließen. Daher muss sich die wirtschaftspolitische Strategie langsam ändern. Und zwar in der Weise, dass die staatliche Unterstützung immer mehr durch eine Politik ersetzt wird, die die Wirtschaft anregt, dynamisiert und belebt, statt sie nur zu alimentieren. Ziel muss es dabei sein, dass all die Firmen, die sich mit Kurzarbeit, Mietstundungen, Bürgschaften, Steuerstundungen und Krediten über Wasser gehalten haben, möglichst schnell wieder Umsätze und Gewinne erzielen, um ihre Angestellten aus echten Erträgen zu beschäftigen, die entlassenen Aushilfen wieder einzustellen, die zusätzlichen Kredite und aufgeschobenen Mieten zurückzubezahlen und um auch wieder investieren zu können, um so die Nachfrage auf dem Investitionsgütermarkt wieder zu beleben.

Kurzarbeitergeld, Steuerstundungen und Bürgschaften helfen zu überleben. Sie generieren aber kein Wachstum und schaffen keine wettbewerbsfähige Wirtschaftsstruktur.

Unvorstellbare Dimensionen

Auch wenn hier gesagt wurde, dass die bisher gemachten Schulden, die aus den verschiedenen nationalen Fonds und Maßnahmen resultieren, für Deutschland zu stemmen sind, sollte man sich doch immer wieder einmal die Dimensionen vor Augen führen, über die wir hier reden.

Wenn wir bei der Billion bleiben, die gegenwärtig immer wieder als Größenordnung für die aktuell benötigte Summe gehandelt wird, sollte man erst einmal festhalten, dass es sich hier um 1000 Milliarden Euro handelt. Eine Zahl mit 12 Nullen.

Kann man sich als normaler Mensch schon die Summe von einer Milliarde nicht mehr anschaulich vorstellen, dann verschwindet die Summe von 1000 Milliarden völlig im Nebel des Unvorstellbaren. Vielleicht liegt darin auch der Grund, warum das Volk so ruhig und gelassen bleibt, wenn mit solchen Summen jongliert wird. Dabei hätte das Volk hier allen Grund dazu, staatliche Ausgaben in dieser Größenordnung etwas kritischer zu hinterfragen. Denn letztlich ist es das Geld der Steuerzahler, mit dem diese Schulden zurückgezahlt werden sollen. Und es sind auch die Steuerzahler und Steuerzahlerinnen oder Bürger und Bürgerinnen, die in der einen oder anderen Form dafür haften werden. Auch wenn es vielleicht gar nicht die Generation der heutigen Entscheider und Begünstigten ist, sondern deren Kinder und Enkelkinder sind, die die Folgen dieser Politik tragen werden.

Um sich aber die gewaltigen Summen, die hier ständig genannt werden, etwas besser vorstellen zu können, hilft es, diese Summen ein wenig aufzubrechen und sie mit anderen Größen ins Verhältnis zu setzen. Eine Möglichkeit das zu tun, besteht darin, einmal auszurechnen, wie lange alle deutschen Arbeitnehmer arbeiten müssten, um eine Summe von tausend Milliarden aufzubringen bzw. einen solchen Kredit abzubezahlen.

Geht man dabei davon aus, dass ein Arbeitnehmer in Deutschland im Durchschnitt um die 30.000 Euro pro Jahr verdient, so müsste er rund

30 Millionen Jahre arbeiten, um diese Summe aufzubringen. Aber auch das ist eine Größenordnung, die sich der Vorstellung entzieht. Nun haftet aber nicht ein Arbeitnehmer allein für diese Summe, sondern ein ganzes Volk. Nehmen wir hier nur die erwerbstätige Bevölkerung, die in Deutschland rund 40 Millionen Menschen umfasst, so müssten alle diese Menschen fast ein Jahr ihres Lebens ausschließlich dafür arbeiten, um diese Summe zu tilgen. Da aber niemand ausschließlich für den Schuldendienst arbeiten kann, da er ja auch noch irgendwie den eigenen Lebensunterhalt bestreiten muss, kann man immer nur einen Teil seines Einkommens zum Abtragen der Schulden und zum Bezahlen der Zinsen verwenden. Bei einem kleinerem oder mittlerem Einkommen werden das wohl kaum mehr als 200 oder 300 € im Monat sein, die man neben Miete, Bekleidung, Transport, Lebensmitteln und einigen anderen Kleinigkeiten, zum Tilgen von Schulden aufbringen kann. Das bedeutet aber, dass selbst bei einem moderat angenommenen Zinssatz die gesamte Erwerbsbevölkerung Deutschlands mehr oder weniger ihr gesamtes Erwerbsleben brauchen würde, um so einen Kredit abzubezahlen. Dabei haben wir aber hier noch nicht betrachtet, was an nationalen Maßnahmen noch kommen könnte und welche Verbindlichkeiten sich aus den diversen Programmen der EU ergeben.

Schon daran wird deutlich, warum man sagt, dass Staaten hohe Schulden niemals zurückzahlen. Staaten sind als Schuldner eben anders zu sehen, als Privatpersonen. Staaten können z.B. im Gegensatz zu Privatpersonen zur Not auch Geld drucken, um ihre Schulden zu bezahlen. Allerdings ist auch das nicht ganz risikofrei. Wie sich in der Geschichte schon mehrfach erwiesen hat.

Ein anderer Ansatz, der sich hier anbietet, um die Größenordnungen der Hilfsmaßnahmen zu verdeutlichen, ist der Vergleich mit anderen makroökonomischen Größen, wie dem Sozialprodukt oder dem Staatshaushalt. In Deutschland wurde im Jahr 2019 ein BIP von ca. 3,4 Billionen Euro erwirtschaftet. Das ist vereinfacht gesagt der Wert der gesamten deutschen Wirtschaftsleistung, die 2019 erbracht wurde oder in anderen Worten die Summe aller Waren und Dienstleistungen, die in diesem Jahr in Deutschland hergestellt bzw. verbraucht wurden.

Die Mittel, die gegenwärtig allein auf nationaler Ebene in die Hand genommen werden, sind ungefähr ein Drittel davon. Wir nehmen gegenwärtig also im ungünstigsten Fall den Geldwert von einem Drittel unserer gesamten Wirtschaftsleistung als Kredit auf, um unsere Wirtschaft zu retten.

Aus diesen Überlegungen stammt die bereits erwähnte Zahl von einem Anstieg der deutschen Staatsverschuldung von gegenwärtig 60 % des BIP auf 80 bis 90 % in Zukunft. Allerdings besteht natürlich die berechtigte Hoffnung, dass die zukünftige deutsche Staatsverschuldung unter 90 vielleicht sogar unter 80 % des BIP bleibt, da ein Teil der Kredite, die der Staat vergibt, zurückgezahlt werden und dass nicht alle Bürgschaften, die der Staat übernimmt, greifen. Andererseits wissen wir aber auch nicht, was in den nächsten Jahren an weiteren Schulden noch kommt, wenn die Wirtschaft sich etwas zögerlicher erholt, als angenommen.

Ebenso aussagekräftig, wie der Vergleich mit dem BIP, ist in diesem Zusammenhang die Gegenüberstellung der oft genannten Billon mit dem deutschen Staatshaushalt (Bund), der 2019 rund 350 Milliarden € betragen hat. Vergleicht man diese beiden Zahlen stellt man unschwer fest, dass die Summe, die gegenwärtig zur Rettung der Wirtschaft ins Auge gefasst wird, rund dem dreifachen des deutschen Bundeshaushalts entspricht.

Würde der Bund versuchen die Summe von einer Billion € bar zu bezahlen, dürfte er drei Jahre lang für nichts anderes Geld ausgeben, als den Schuldendienst. Zieht man hier in Betracht, wie schwer es war, die schwarze Null zu halten oder sogar einige Prozent der gegenwärtigen Schulden zu tilgen, wird auch an diesem Beispiel deutlich, dass sich solche Summen nur über neue Schulden aufbringen lassen.

Das alles soll aber nicht heißen, dass man diese Programme zur Rettung der deutschen Wirtschaft nicht hätte starten sollen oder dass man dazu keine Schulden aufnehmen dürfte. Denn im Moment haben wir dazu gar keine Alternative, da ein ungebremster Absturz des gesamten Wirtschaftssystems, wie er in Folge der Krise 1929 stattgefunden hat, noch viel mehr kosten würde und viel größere wirtschaftliche und vor allem aber auch politische Schäden verursachen könnte.

Das kleine Spiel mit den Zahlen sollte aber die Dimensionen veranschaulichen, über die wir hier reden und es sollte auch etwas Demut erzeugen, wenn wir als Bürger, als Journalisten oder als Entscheidungsträger mit solchen Beträgen jonglieren. Denn Geld fällt nicht vom Himmel und wächst auch nicht auf den Bäumen. Zwar können Notenbanken jederzeit zusätzliches Geld schaffen, aber auch das ist nicht folgenlos. In der Geschichte hat sich schon öfters gezeigt, dass das hemmungslose Drucken von Geld irgendwann immer zu gravierenden Folgen führt, die heftiger sein können, als die Wirtschaftskrise selbst.

Vor diesem Hintergrund sollte man, auch wenn ein Hilfsprogramm gegenwärtig unbestritten und notwendig ist, doch bei jeder einzelnen Maßnahme genau hinsehen, was sie bewirkt und ob sie wirklich erforderlich ist. Besonders intensiv hinsehen sollten wir vor allem dann, wenn das Schuldenmachen 2021 nicht aufhört und in 2022 und in den folgenden Jahren weitergeht. Denn unter diesen Umständen kann auch die deutsche Staatsverschuldung schnell die 100 % Marke des Sozialproduktes übersteigen und Deutschland seine uneingeschränkte Bonität verlieren. In diesem Falle müsste vielleicht auch Deutschland spürbare Zinsen für seine Schulden zahlen und wäre in seiner Rolle als Universalbürge für andere Länder beschädigt.

Was das für Europa bedeuten würde, mag man sich nicht ausmalen. Denn nur durch die uneingeschränkte Bonität Deutschlands bleiben die Zinsen für Länder, wie Griechenland oder Italien durch die Vergemeinschaftung der Schulden in einem erträglichen Maß. Wenn Deutschland diese Bonität verliert, wird es für den Euro und Europa eng.

Europa in der Krise
Die Lage der Eurozone vor Corona

Europa und vor allem die Eurozone wurden von der Corona Epidemie zu einem Zeitpunkt getroffen, an dem weder die Folgen der Eurokrise von 2010 aufgearbeitet, noch deren Ursachen behoben waren. Zwar haben sich einige Länder wie Deutschland von dieser letzten Krise recht gut erholt bzw. waren von dieser Krise nicht so stark betroffen, aber die Eurozone als Ganzes und vor allem die südlichen Staaten der Eurozone haben diese letzte Krise noch lange nicht überwunden.

Auch wenn es im Rahmen der Krisenbewältigung gelungen ist, den Staatsbankrott von Ländern wie Griechenland oder Portugal abzuwenden und in den südlichen Ländern die schlimmsten Folgen der Eurokrise, wie die immens hohe Jugendarbeitslosigkeit, etwas zu verringern, wurden die wirklichen Ursachen und Probleme der Eurokrise nicht behoben und gelöst. Im Moment sind die tiefer liegenden Probleme dieser Krise, wie z.B. die unterschiedliche Wettbewerbsfähigkeit im gleichen Währungssystem, nur von Zentralbankgeld überdeckt und der direkten Sichtbarkeit entzogen.

Überfällige und dringend notwendige Reformen des italienischen Staatsapparates und Wirtschaftssystems lassen immer noch auf sich warten und die vielen faulen Kredite, die sich aus der spanischen Immobilienkrise ergeben haben, liegen immer noch zu großen Teilen in Bad Banks oder sind mittlerweile in der Europäischen Zentralbank gelandet. All das ist, wie auch die geringe Produktivität mancher Euroländer, in den letzten Jahren nur deswegen nicht zum Problem geworden, weil es mit viel gedrucktem Geld zugedeckt wurde. Durch die Corona-Pandemie drängen sich aber einige dieser verdeckten Probleme wieder an die Oberfläche. Wie das aussieht, wird schnell deutlich, wenn man einen genaueren Blick auf Länder wie z.B. Italien wirft. Immerhin ein Kernland der europäischen Union und die drittgrößte Volkswirtschaft in der Euro Zone.

Italien hat heute, zehn Jahre nach der eigentlichen Eurokrise, noch nicht wieder den Stand der Industrieproduktion erreicht, den es vor der Eurokrise besaß und Italien hatte bereits vor der Corona Epidemie eine Staatsverschuldung von über 130 % seines BIP. Das ist mehr als das doppelte des Wertes von den 60 %, die der Maastrichter Vertrag als

Obergrenze für die nationale Verschuldung erlaubt. Solch hohen Verschuldungsquoten sind aber nur durchzuhalten, wenn die europäische Zentralbank weiter massiv Staatsanleihen aufkauft und so den Zins künstlich niedrig hält. Müsste Italien sich das Geld für seine Schulden auf dem Finanzmarkt besorgen, wären die Zinsen, die es dafür zahlen müsste deutlich höher. Dann würde die Staatsverschuldung allein schon durch die Zinslast weiter steigen und es wäre nur eine Frage der Zeit, bis Italien abwerten müsste oder sich dem Staatsbankrott nähern würde. Da es in der Gemeinschaftswährung nicht wie vor der Einführung des Euro abwerten kann, bleibt die Zahl der Alternativen übersichtlich.
Doch Italien ist nicht das einzige Land, das noch mit den Folgen der Eurokrise zu kämpfen hat. Eigentlich sind alle südlichen Euroländer und zu einem gewissen Grad auch Frankreich damit beschäftigt, ihren Haushalt zu sanieren und ihre Industrieproduktion wieder auf das Niveau von vor der Eurokrise zu bringen. Im Gegensatz dazu haben sich Deutschland, die Niederlande oder Österreich sowohl von der Finanz-, als auch von der Eurokrise recht gut erholt. Das führt zu Ungleichgewichten innerhalb des gemeinsamen Währungsraumes und zu unterschiedlichen Ausgangssituationen in der Corona Krise. Im Grunde spiegelt diese Situation aber lediglich die unterschiedliche Wettbewerbsfähigkeit der verschiedenen Staaten wieder, die im Euroraum besteht.
Um den Mitgliedern mit den weniger wettbewerbsfähigen Wirtschaftssystemen Raum für Reformen zu verschaffen, kauft die EZB seit 2009 in ihren diversen Programmen fast ununterbrochen Staatspapiere der Euroländer auf und hält so die Zinsen für die Mitgliedsländer niedrig. Was für die südlichen Länder des Euroraumes bedeutet, dass ihre Zinslast in einem erträglichen Rahmen bleibt und für Deutschland, dass es praktisch gar keine Zinsen mehr bezahlt oder sogar Geld dafür bekommt, wenn es sich welches leiht. Der Preis dafür ist aber hoch, da sich die Kaufprogramme mittlerweile auch auf Papiere erstrecken, die keine besonders gute Bonität mehr besitzen und weil durch das Aufkaufen von Staatspapieren durch die EZB die Geldmenge im Euroraum drastisch erhöht wurde. Grob gesprochen hat sich die Geldmenge im Euroraum seit 2008 ungefähr vervierfacht, ohne dass die Wirtschaft in den Ländern des Euroraumes entsprechend gewachsen wäre.

Hält man sich in diesem Zusammenhang vor Augen, dass Geld nichts anderes ist, als das Versprechen, es jederzeit gegen eine bestimmte Menge an Waren oder Dienstleistungen eintauschen zu können, dann wirkt es schon beunruhigend, wenn sich die Geldmenge so stark erhöht hat, ohne dass die Menge an Gütern und Dienstleistungen, die man dafür kaufen kann, in gleichem Maße zugenommen hätte.

Nach der klassischen Leere der Ökonomie müsste eine solche Entwicklung direkt in die Entwertung des Geldes und damit zur Inflation führen. Das ist aber bisher noch nicht zu beobachten. Jedenfalls nicht bei den Konsumgüterpreisen. Wo man es aber durchaus spüren kann, ist bei den Immobilienpreisen und Aktienkursen, die sich bereits in der Phase der Blasenbildung befinden. Erschwerend kommt hinzu, dass der Leitzins im Euroraum schon lange im Bereich der Nulllinie liegt und keinen Spielraum mehr für weitere Zinssenkungen lässt. Was die Handlungsmöglichkeiten einer Notenbank in einer Wirtschaftkrise erheblich einschränkt.

Fasst man das alles zusammen, dann lässt sich feststellen, dass Europa zu einem Zeitpunkt von der Corona Krise getroffen wurde, an dem es die Eurokrise noch nicht wirklich gelöst hat. Europa wurde also gewissermaßen von einer neuen Krise getroffen, während es noch von der vorherigen geschwächt ist.

Das Füllhorn auf Pump

Als die Corona-Pandemie Europa traf, reagierten praktisch alle europäischen Staaten mit Shutdowns und Lockdowns in unterschiedlichster Ausprägung. Was aber überall zu den gleichen Folgen führte und zwar zum temporären Stillstand der Wirtschaft und zu drastischen Einbrüchen des Sozialproduktes. Vor allem führte es aber auch dazu, dass alle Länder staatliche Programme auflegen mussten, um den totalen Absturz der Wirtschaft zu verhindern und einen dramatischen Anstieg von Insolvenzen und Arbeitslosenzahlen abzuwenden.

Bekannterweise kosten solche Programme aber sehr viel Geld. Geld, dass kein Staat irgendwo liegen hat, sondern das er sich leihen muss. Während das für Deutschland, wie weiter vorn in diesem Buch bereits erläutert wurde, kein unlösbares Problem dargestellt hätte, sieht das in den südlichen Euroländern oder zum Teil auch in Frankreich ganz anders aus.

Wenn ein Land wie Italien schon vor der Pandemie Staatsschulden von 130 % seines Sozialproduktes hatte und sich auch sonst durch eine nicht gerade besonders wettbewerbsfähige Wirtschaft auszeichnet, dann können 30 oder 40 % zusätzliche Verschuldung schnell in den Staatsbankrott führen. Jedenfalls wenn der Zins nicht künstlich durch die Europäische Zentralbank niedrig gehalten würde und man sich das Geld auf dem Finanzmarkt besorgen müsste. Zinsen über zehn Prozent, wie sie z.B. für Italien vor der Einführung des Euro zeitweise normal waren, sind für ein Land mit einer Staatsverschuldung von 160 oder 170 % des Sozialproduktes nicht zu verkraften. Die Zahlungsunfähigkeit wäre dann nur noch eine Frage Zeit.

Deshalb hält auch die Europäische Zentralbank durch verschiedene Maßnahmen, wie den Kauf von Staatsanleihen, die Zinsen für die Mitgliedsstaaten des Euroraums künstlich niedrig. Womit sie allerdings nicht allein ist. Auch Japan und die USA agieren ähnlich, um ihre Zinslast erträglich zu halten.

Aber selbst niedrigste Zinsen würden Italien oder Spanien allein nicht davor bewahren, in ernsthafte wirtschaftliche Probleme zu geraten. Schon die Kombination aus einer weniger wettbewerbsfähigen Wirtschaft, dem langen Shutdown, einem dramatischen Einbruch der Tourismusbranche und den kostspieligen Hilfsprogrammen würden in diesen Ländern schnell zu kaum lösbaren wirtschaftlichen Problemen führen. Zumal in Europa die Infektionszahlen gegenwärtig (September 2020) fast überall wieder dramatisch ansteigen, was die Tourismussaison 2020 wohl endgültig beenden und vermutlich auch wieder zu umfangreicheren Restriktionen führen wird.

Länder, wie Spanien, Italien oder Griechenland sind wirtschaftlich von der Pandemie so getroffen worden, wie ein menschlicher Patient, der zum Zeitpunkt der Infektion bereits eine Vorerkrankung oder ein geschwächtes Immunsystem hat. Genau wie beim menschlichen Patienten hätten auch hier die wirtschaftlichen Vorerkrankungen schnell zu einem schweren und gefährlichen Verlauf der Wirtschaftskrise führen können, der nicht nur für die betroffenen Länder, sondern für ganz Europa dramatische Folgen gehabt hätte. Deshalb hat sich die Europäische Union relativ schnell entschlossen, mit gewaltigen Summen zu helfen.

Im Mittelpunkt dieser Maßnahmen steht prominent das gigantische Hilfspaket von 750 Milliarden Euro, das die Regierungschefs der Euro Länder im Juli 2020 beschlossen haben und das zum Teil als Kredit und zum Teil als Zuwendung für die Länder gedacht ist, die von der Pandemie am stärksten betroffen waren. Wobei es allerdings ziemlich egal ist, wie groß dabei der Kredit- und der Zuwendungsanteil ausfällt, denn Kredite werden einem Geschenk immer ähnlicher, je niedriger der Zins und je länger die Laufzeit ist. Das wird recht deutlich, wenn man exemplarisch einen Kredit betrachtet, der eine unendliche Laufzeit hat und mit Null Prozent verzinst wird. Wer so einen Kredit vergibt, bekommt keine Zinsen, sieht sein Geld faktisch nie wieder und macht quasi eine Schenkung. Wie nahe man mit dem EU Hilfsprogramm diesem Typ des „Schenkungskredits" kommt, wird man sehen, wenn die Modalitäten, nach denen die bedachten Länder tilgen sollen, feststehen. Aber da kaum vorstellbar ist, wie ein Land wie Italien seine neuen Schulden, die es in Corona Zeiten national aufgenommene hat, zurückzahlen will, ist es noch viel schwerer vorstellbar, wie es weitere 100 oder 150 Milliarden zurückzahlen soll, die es über oder von der EU erhält. Aber vielleicht ist das auch gar nicht notwendig, wenn der Gläubiger der letzten Instanz die EZB ist. Dann sind die Kredite der EU eben auch nichts anderes als gedrucktes Geld.

Zu diesem Programm kommen aber auch noch einige andere Hilfen, die im allgemeinen EU Haushalt enthalten sind, sowie Hilfen in Höhe von ca. 500 Milliarden aus dem Europäischen Rettungsfonds, die aber auch nichts anderes als Kredite sind. Dazu kommt das SURE Programm mit 100 Milliarden zur Zahlung von Kurzarbeitergeld, die Absicherung von Unternehmenskrediten durch die Europäische Investitionsbank in Höhe von 200 Milliarden und einige Posten aus dem neuen EU Haushalt.

Unabhängig davon hat die EZB ihre Anleihekäufe wegen den Folgen der Pandemie drastisch ausgeweitet und das Programm über die bisher geplanten Ankäufe in Höhe von 750 Milliarden Euro um weitere 600 Milliarden aufgestockt. Wobei die Grenze nach oben offen sein dürfte.

Zählt man all das zusammen, kommt man je nach Berechnungsweise und je nachdem, welche Annahmen man darüber trifft, ob all diese

Gelder fließen und in Anspruch genommen werden, schnell zu einer
Zahl deutlich über einer Billion Euro (ungefähr dem dreifachen des Bundeshaushalts Deutschlands), die als Kredit durch die Institutionen der
EU aufgenommen werden müssen und für die alle Mitgliedsländer, vor
allem aber Deutschland, in der einen oder anderen Weise haften sollen.
Außerdem sind da auch noch die fast eineinhalb Billionen Euro für Anleihekäufe in 2020, bei denen immer deutlicher gegen die ursprünglichen Kriterien für den Ankauf dieser Papiere verstoßen wird. Insbesondere die Absenkung der Anforderungen an die Sicherheit der gekauften
Wertpapiere und die Flexibilisierung der Länderverteilungsschlüssel sind
hier bedenklich. Denn so wird die EZB für das Geld, das sie unters Volk
bringt, immer mehr Papiere geringerer Sicherheit in ihren Bestand aufnehmen und somit die Qualität ihrer Bilanz zunehmend verschlechtern.

Kurzfristige Wirkungen

Auch wenn die im letzten Kapitel aufgelisteten Summen exorbitant
hoch sind, muss man sie den Kosten und Schäden gegenüberstellen, die
entstanden wären, wenn die Europäische Union gar nicht gehandelt
hätte. Denn dann wäre die Gefahr hoch gewesen, dass Länder, wie Italien oder Spanien, die Pandemie wirtschaftlich nicht überlebt hätten.
Ohne die Kredite, Anleihekäufe und Bürgschaften der EU würden die
Zinsen für Italien explodieren und die Verschuldung weiter steigen. Das
würde mit einiger Sicherheit dazu führen, dass Italien über kurz oder
lang zahlungsunfähig wäre. Daraus könnte sich aber schnell eine Ket-
tenreaktion entwickeln, die nicht nur andere südliche Mitgliedsländer
mitreißen, sondern auch den wirtschaftlich stabileren Mitgliedsländern
einen Großteil ihrer Exportmärkte nehmen und so das italienische oder
spanische Problem auch nach Deutschland oder in die Niederlande pro-
jizieren würde.
Am Schluss eines solchen Prozesses stünde eine Wirtschaftskrise gewaltigen Ausmaßes und mit einiger Wahrscheinlichkeit auch der Zusammenbruch der gemeinsamen Währung. Den genauen Verlauf und die
Folgen eines solchen Prozesses kann man weder verlässlich vorhersagen, noch in allen Details beschreiben. Sicher ist aber, dass eine derarti-

ge Wirtschaftkrise zu einem gewaltigen Chaos in Europa führen und auch den Rest der Welt betreffen würde.

Daher hatte die Europäische Union hier keine andere Wahl, als zu handeln. Wie sie gehandelt hat, ist aber durchaus hinterfragbar. Denn so wie die Programme jetzt aussehen, bedeutet das nicht nur den Einstieg in die Vergemeinschaftung der Schulden und den endgültigen Einstieg in die Transferunion, die nach den Europäischen Verträgen nie vorgesehen war, sondern auch das unkontrollierte Verteilen von sehr viel geliehenem Geld, das vermutlich ohne allzu viele Auflagen und Kontrollen in die bedürftigen Mitgliedsländer fließen wird. Damit dürfte zunächst einmal jeder Reformdruck von den Krisenländern genommen und ein neues Krisenpotential geschaffen sein. Das Problem wird damit nicht gelöst, sondern nur zeitlich verschoben.

So ein Füllhorn an Geld ist zwar zunächst einmal geeignet, um den Zusammenbruch von Volkswirtschaften allein dadurch zu verhindern, dass die Zahlungsunfähigkeit von Staaten abgewendet wird. Aber ansonsten kann so eine Geldflut auch sehr viele negative Folgen haben. Denn wenn so viel Geld in kurzer Zeit verteilt wird, ist die Chance immer groß, dass das Geld in alle möglichen Kanäle fließt, nur nicht dahin, wo es die Konjunktur belebt und einen Strukturwandel oder überfällige Reformen anstößt. Dies auch deswegen, weil man sich auf europäischer Seite wohl darauf eingelassen hat, den Geldfluss nicht an harte Auflagen und Kontrollen zu binden.

Somit ist die Versuchung in Ländern wie Italien oder Spanien natürlich groß, mit diesem Geld erst einmal Wohltaten zu verteilen und schmerzliche, aber notwendige Reformen weiterhin zu unterlassen. Aber Geld das einfach in den Konsum fließt kann zwar eine Zeitlang die Wohlstandsillusion aufrechterhalten, löst aber keine Probleme, stößt keine Reformen an und macht eine Volkswirtschaft vor allem nicht wettbewerbsfähiger. Darüber hinaus wird ein erheblicher Teil des europäischen Geldes auch sofort zu den Banken fließen, um Zinsen und offene Posten der hochverschuldeten Euroländer zu begleichen. Ein positiver Reformdruck oder ein Anreiz, in Zukunft effektiver zu wirtschaften, wird davon nicht ausgehen. Die Gefahr, dass diese Maßnahmen nicht zu der erwünschten Steigerung der Wettbewerbsfähigkeit in den Krisenländern führen, ist also durchaus real.

Im Übrigen besteht auch die Gefahr, dass so viel frisch gedrucktes Geld sich nicht gleichmäßig über die Bevölkerung der Krisenländer verteilt, sondern zu erheblichen Teilen in den Händen von Großanlegern Banken, Investoren oder anderen Finanzinstituten landet, wo es weder dem Volkswohlstand zu Gute kommt, noch die Konsumgüter- oder die Investitionsgüterindustrie belebt. Stattdessen wird viel von diesem Geld in Form von Nachfrage auf den Asset-Märkten wirksam werden und die Immobilien- und Aktienblase weiter aufblähen. Europaweit bedeutet dies eine weitere Öffnung der Schere zwischen arm und reich, was an sich schon destabilisierend wirken kann. Für den deutschen Normalverbraucher bedeutet es aber sehr konkret, weiter steigende Preise bei Immobilien und Mieten und in Kombination mit den künstlich niedrig gehaltenen Zinsen noch mehr Schwierigkeiten sich eine sichere Altersversorgung aufzubauen.

Trotzdem bleibt im Moment kaum eine andere Wahl. Die negativen Folgen eines Zusammenbruchs mehrerer Länder in der Eurozone, wären mit Sicherheit noch größer, als die Schäden dieser Geldflut.

Man hätte aber zumindest überlegen können, ob man den Fluss der Mittel nicht an den Zwang zu Reformen koppeln und die Summen etwas kleiner halten hätte können. So wäre es auch durchaus möglich gewesen, die Zusage von Mitteln an Italien davon abhängig zu machen, dass Teile zur Krisenbewältigung aus dem durchaus stattlichen Privatvermögen der Bevölkerung aufzubringen sind. Vielleicht mit einem ähnlichen Verteilungsschlüssel, wie bei Bundes- oder Landeszuschüssen in Deutschland. Einem Schlüssel, bei dem zwei oder drei europäische Euro nur dann fließen, wenn vorher ein Euro national aufgebracht wurde. Dann wäre jede Regierung gezwungen, sehr sorgfältig mit dem europäischen Geld umzugehen und müsste auch gegenüber der eignen Bevölkerung Rechenschaft ablegen, was mit dem Geld passiert.

Keine Frage, dass in einer Gemeinschaft wie der EU den härter getroffenen Ländern geholfen werden muss. Aber man hätte es mit etwas mehr Kreativität und Weitsicht machen können, als nur schnell geliehenes und frisch gedrucktes Geld in Massen zu verteilen. Denn damit überlebt man zwar die gegenwärtige Krise, baut aber auch ein vielleicht noch viel größeres Sprengpotential für zukünftige Krisen auf. Man verschiebt damit das heutige Problem in die Zukunft, wo es unsere Kinder und

Enkel lösen müssen. Letztlich hat man durch die gegenwärtigen Maßnahmen wie schon so oft nur Zeit gekauft, die man bisher jedenfalls
nicht ausreichend oder sogar in keinster Weise für Reformen genutzt
hat.

Es stellt sich hier auch die Frage, was wir machen, wenn sich in ein oder
zwei Jahren herausstellen sollte, dass sich in den Krisenländern nichts
gebessert hat, dass wie bisher Reformen ausgeblieben sind und die
Staatsverschuldung weiter zugenommen hat. Drucken und Leihen wir
uns als EU dann wieder Geld in dieser Größenordnung und verteilen es
ohne Auflagen und Kontrolle? Spätestens dann dürften wir uns dem
kritischen Punkt nähern, an dem das System langsam fragil wird.

Aber selbst die bisher beschlossenen Programme führen zu Schulden
von gigantischem Ausmaß, die in ihren Folgen noch nicht abzusehen
sind und die das heutige Problem zumindest teilweise auf unsere Nach-
fahren abwälzt.

Ein ungedeckter Scheck auf die Zukunft

Kurzfristig wird man mit all dem geliehen Geld und den künstlich niedrig
gehaltenen Zinsen den Zusammenbruch einzelner Volkswirtschaften
erst einmal abwenden können. Langfristig zahlt man dafür allerdings
einen hohen Preis. Denn der Einstieg in die Vergeimeinschaftung der
Schulden trennt das Schuldenmachen von den Konsequenzen und
Deutschland riskiert damit seine erstklassige Bonität. Außerdem sind
die Anleihekäufe der Europäischen Zentralbank letztendlich nichts anderes, als das Drucken von Geld. Was sich im Übrigen auch in einer
ständig steigenden Geldmenge im Euroraum äußert. Einer Geldmenge,
die in den letzten Jahren schneller und stärker gewachsen ist, als die
Menge der nachfragbaren Güter und Dienstleistungen, was nach allen
Lehrbüchern der Ökonomie eigentlich schon längst zu einer deutlich
spürbaren Inflation geführt haben hätte müssen. Genau dies ist bisher
aber nicht eingetreten. Stattdessen hat sich der Zusammenhang zwischen Geldmenge und Inflation scheinbar aufgelöst. Was wieder einmal
zeigt, dass ökonomische Gesetze und Gleichungen niemals die Präzision
und Allgemeingültigkeit besitzen, wie echte Naturgesetze. Denn über
einige Perioden konnte man den theoretisch postulierten Zusammen-

hang zwischen Preisniveau und Geldmenge wirklich nachweisen und die Quantitätsgleichung (MxV = PxT) war scheinbar erfüllt. Aber vor gut einem Jahrzehnt löste sich dieser Zusammenhang auf und das Drucken von Geld scheint seitdem irgendwie keine Inflation mehr auslösen zu können.

Dafür gibt es verschiedene Erklärungen. So könnte die Umlaufgeschwindigkeit des Geldes gesunken sein, was sich aber empirisch kaum nachweisen lässt und auch nicht eine so große Steigerung der Geldmenge kompensieren könnte, wie sie stattgefunden hat. Plausibler erscheint hier die Erklärung dass die Globalisierung in den letzten Jahrzehnten die theoretisch möglichen Produktionskapazitäten ins beinahe Unermessliche gesteigert hat, so dass auf der Angebotssete Güter nie knapp waren und die Preise daher nicht gestiegen sind.

Eine andere Erklärung der ausbleibenden Inflation liegt darin, dass sich auf diese Weise gedrucktes Geld nie gleichmäßig unter den Menschen verteilt, sondern sich bei wenigen Menschen oder in Finanzinstitutionen konzentriert. Diese geben das Geld aber nicht für Möbel oder Lebensmittel aus, was eventuell den Konsumpreisindex nach oben treiben würde, sondern für alle möglichen Formen der Geldanlage, wie Aktien, Immobilien oder Gold. Und hier sieht man durchaus erhebliche Preissteigerungen, die aber in die meisten Berechnungsverfahren für Inflation nicht einfließen. Wenn aber Immobilienpreise ständig steigen und die Aktienkurse an Wert zunehmen, während sich die reale Ökonomie auf Talfahrt befindet, ist das nicht nur eine andere Form von Inflation, sondern auch eine gefährliche Bildung von Spekulationsblasen. Dummerweise neigen solche Blasen dazu irgendwann zu platzen.

Im Moment gibt es keine Anzeichen, dass eine der vielen Blasen, die gerade entstehen, in nächster Zukunft platzen würde. Dafür sorgt auch das viele Geld, das gegenwärtig weltweit in die Märkte gepumpt wird und irgendwo hin muss. Außerdem haben Kipppunkte, wie das Platzen einer Spekulationsblase, meist keine Anzeichen, die eine präzise Vorhersage des Ereignisses möglich machen. Aber wir wissen aus Erfahrung, dass die Wahrscheinlichkeit des Platzens steigt, je mehr man solche Blasen aufbläht. Denn irgendwann verliert irgendwer das Vertrauen in das System und dann kann alles sehr schnell gehen.

So wie jede Blase durch den selbstverstärkenden Effekt aus Gier und Wertsteigerung aufgeblasen wird, so führen selbstverstärkende Effekte auch zum Platzen einer Blase, wenn erst einmal der Vertrauensverlust begonnen hat. Nur dass das Platzen einer Blase meist viel schneller abläuft, als deren Entstehung. Wenn das aber passiert und eine der gegenwärtig existierenden Blasen platzt, dürfte die darauf folgende Wirtschaftskrise recht heftig ausfallen. Und das in einer Situation, in der die Weltwirtschaft im Umbruch ist, die Staaten hoch verschuldet sind und die Zentralbanken ihr Pulver bereits verschossen haben.

Aber unabhängig von diesen Blasen entstehen durch die zunehmende Verschuldung und das verbreitete Geldrucken auch noch andere Risiken, die sich immer mehr auftürmen. Allen voran ist es hier die Inflation, die sich zwar momentan nicht einstellen will, aber deren Eintreten auch nicht völlig ausgeschlossen werden kann. So könnte ein Rückzug aus der Globalisierung im Gleichschritt mit einem zunehmenden Protektionismus eventuell doch das Warenangebot soweit verknappen, dass es durch die willentlich geschaffene Geldschwemme zu größeren Nachfrageüberhängen und Preissteigerungen kommt, die sich durch einen zunehmenden Vertrauensverlust in die Währungen schnell zu einer respektablen Inflation entwickeln können. Wobei ein derartiger Vertrauensverlust z.B. darauf begründet sein könnte, dass die Qualität, der von der EZB gekauften Anleihen, immer schlechter wird und die EZB irgendwann nur noch minderwertige Papiere in ihrer Bilanz hat.

Ob das aber alles so kommt, weiß niemand. Denn im Gegensatz zu mechanischen Systemen ist die Entwicklung komplexer Systeme, wie es ein Wirtschafts- oder Währungssystem darstellt, nicht vorhersagbar. Aber eins ist sicher. Je mehr man die Schulden- und Anleihenblase aufbläht, desto mehr steigt die Fragilität des Systems und das Potential zum Kollabieren. Wann dieser kritische Punkt erreicht ist oder ob man rechtzeitig zu einer soliden Form des Wirtschaftens zurückkehrt, weiß heute niemand. Aber wir wissen ziemlich sicher, dass hemmungsloses Schuldenmachen und Geldrucken in der Geschichte noch nie gut gegangen sind und dass eine galoppierende Inflation sich nie stetig, linear anbahnt, sondern eine Art Kipppunkt darstellt, der dann erreicht wird, wenn eine gemäßigte Inflation und der Vertrauensverlust in den Wert des Geldes sich plötzlich anfangen gegenseitig zu verstärken. Und auch wenn niemand weiß wann genau dieser Punkt erreicht ist, wissen wir doch, dass wir ihm mit jedem gedruckten Euro näher kommen.

Fazit

Nach der sogenannten Jahrhundertkrise 2008/2009 haben viele Politiker, Journalisten und Ökonomen beteuert, dass nach dieser Krise nichts mehr so sein wird wie zuvor. Geändert hat sich in Wirklichkeit aber nicht viel. Zwar wurden die Regeln für Banken etwas verschärft und einige Banken sind vom Markt verschwunden, aber die reale Wirtschaft hat sich schnell erholt und kaum verändert.

Nach der Corona-Krise wird das anders sein. Diese Krise wird nicht nur zu einigen neuen Regeln für Banken und einigen Stresstests führen, sondern in den meisten Bereichen unserer Gesellschaft und unseres Wirtschaftssystems zu tiefgreifenden Veränderungen führen.

Einige Jahre nach Corona werden viele Firmen verschwunden und viele neue entstanden sein. Auf der Basis neuer Gewohnheiten, Einstellungen und Präferenzen wird sich unsere Arbeitswelt genauso verändern wie unser Konsumverhalten. Die Digitalisierung wird schneller Realität geworden sein als das sonst der Fall gewesen wäre und Märkte, Berufsbilder, Produkte und Dienstleistungen werden sich merklich verändert haben. Auch die Innenstädte werden sich wandeln und die Stadtplaner vor neue Herausforderungen stellen.

Solche Veränderungen bergen für die Gesellschaft und den Einzelnen immer Risiken und Chancen. In den nächsten Jahren wird es vor allem darauf ankommen, die Veränderungen positiv zu sehen, die Risiken zu erkennen und die Chancen zu nutzen.

Dann wird diese Pandemie in der Rückschau vielleicht sogar zu einem Meilenstein der Innovation und der wirtschaftlichen Erneuerung. Vor allem bietet dieser Einschnitt in die Kontinuität auch die Chance zu einem ökologischen und nachhaltigerem Wirtschaften.